S. Tougaard og H. Meesenburg

Die dänische Westküste

Eine geographische Erzählung
in Luftaufnahmen und Karten

BYGD 1974

Herstellung und
Expedition:

Verlag BYGD
Karl Andersensvej 37
DK 6700 Esbjerg
Telf. (05) 15 30 68

Publiziert von:

Fiskeri- og Søfartsmuseet
Saltvandsakvariet
Esbjerg

Druck:

Th. Laursens Bogtrykkeri A/S
Tønder

© Verlag BYGD

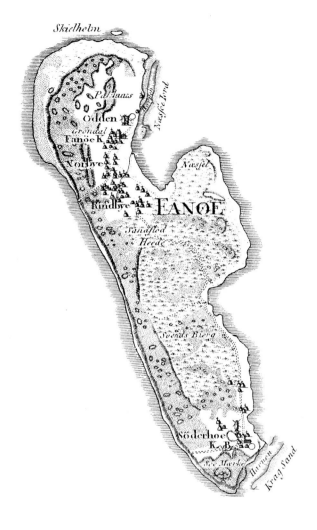

ISBN 87-980083-0-7

Die Luftbilder sind im Frühling 1973 und 1974 aufgenommen.
Foto © S. Tougård.

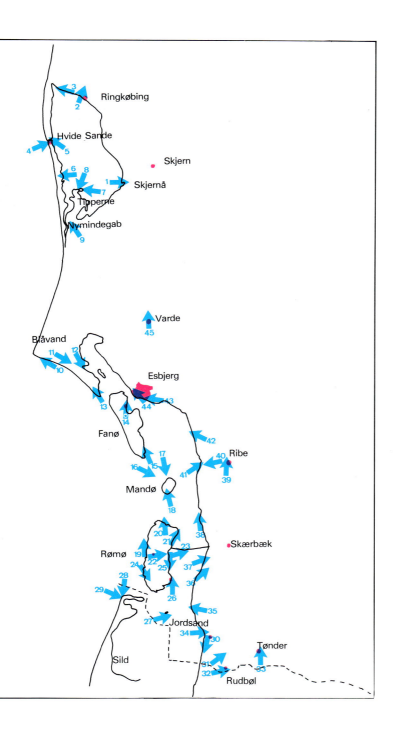

INHALT

1 Das Delta der Skjern Au
2 Ringkøbing, Stadt und Hafen
3 Die Insel Holmsland
4 Der Schleusenhafen Hvide Sande
5 Villastadt und Fischerdorf
6 Holmsland's Klit
7 Das Vogelschutzgebiet Tipperne
8 Vom Meer gestaltet
9 Die alte Düne von Bjålum
10 Blåvandshuk
11 Die Schusterebene
12 Schöpfung der Gezeiten
13 Die Halbinsel Skallingen
14 Die Schifferstadt Nordby
15 Fanø bei Sønderho
16 Die Welt des Wattenmeers
17 Mandø und ihr Flak
18 Das Dorf Mandø By
19 Rømø bei Lakolk
20 Anwuchs im Norden
21 Der Juvre Priel
22 Die Geburt Lakolk's
23 Der Rømø Damm
24 Die Landschaften Rømø's
25 Hauptstadt Kongsmark
26 Fischerei oder Tourismus
27 Jordsand, eine Hallig
28 Sylt vom Norden gesehen
29 Die Reede Königshafen
30 Der Deich bei Højer
31 Alte Deichlinien
32 Rudbøl See und Deich
33 Tønder, Stadt der Krämer
34 Højer und ihre Schleuse
35 Hjerpsted auf dem Geest
36 Ballum an dem Geest
37 Die Ballumer Schleuse
38 Die Marsch bei Rejsby
39 Ribe, Dänemarks Hafen
40 Ribe Au, Grossheitstraum
41 Bei der Kammerschleuse
42 Bei der Königsauschleuse
43 Der Englandshafen Esbjerg
44 Der Hafen bei Grådyb
45 Die Brückenstadt Varde

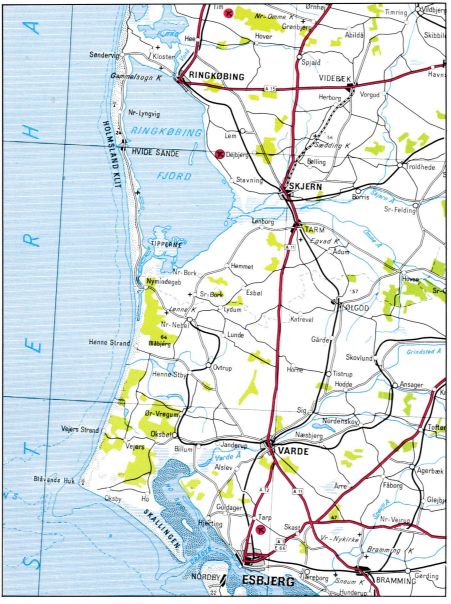

Reproduceret med Geodætisk Instituts tilladelse (A.219/74).

Der Teil der jütländischen Westküste, den dieses B behandelt, ist wie zwei Kreisbogen gebildet. Die N rungen, die Nissum und Stadil Fjorde abgrenzen, er chen ihren südlichen Stützpunkt zwischen Sønde und Nørre Lyngvig. Hier liegen widerstandsfähige zeitschichten unter den Sandmengen der Düne be ben. Von hier ab streckt sich die Nehrung Holmsla südwärts gegen Henne Strand und setzt von hie den breiten Dünengürtel fort, der die Filsø und La sø Niederung ganz bis Vejrsstrand hinunter sperrt. Dieser äusserst regelmässige Küstenbo schliesst seine 50 Kilometer lange Strecke bei vand. Blåvand macht der 250 Kilometer Lagur küste ein Ende.

Blåvandshuk ist die meist unmotivierte »Ecke« jütländischen Westküste. Bei Hirtshals geht das h liegende Morainenland ganz bis an die Küste hin bei Hanstholm ragt die Kreide als ein Kap hervor. vandshuk, dagegen, besitzt keinen festen Kern. dern ist nur von Meer und Wind aufgebaut. Die U che ihrer scharfen Krümmung muss man im Meer chen! Während die 10 Meter Tiefenkurve der W küste entlang nur wenige Kilometer vom Ufer geht sie bei Blåvand mehr als 40 Kilometer ins hinaus. Der Gletscher einer früheren Eiszeit hat an ser Stelle einen enormen Wall von Morainenmat lien abgelagert, das heutige Horns Rev. Dieses Rif dingt die vorgeschobene Lage Blåvandshuks.

Eine mitwirkende Ursache der markierten Gesta Blåvandshuks ist, dass die Eiszeitlandschaft - die G - südlich von Blåvand 20 Kilometer ostwärts weic dass eine gewaltige Bucht sich gestaltet. Diese B wird gegen Süden von den Inseln Sylt und Föhr a grenzt, deren Kern aus widerstandsfähigen Te schichten den südlichen Aufhängungspunkt der schen Inselreihe Fanø, Mandø und Rømø ausm die als ein Kreisbogen Blåvand im Norden und S Süden verbindet. Das unaufhörliche Pulsieren de zeiten erhält eine Reihe von tiefen Rinnen aufrech die Sandbarre in Inseln aufteilen. Auf diese Sar chen wandern sandbindende Pflanzen hinein, u Inseln werden durch Dünenbildung konsolidiert. ter den Dünen wird dann Schutz für andere Bo und eine Marschbildung beginnt. Die Pflanzen b die losen Materialien, der Umriss der Inseln wir staltet, Rinnen und Tiefe werden festgelegt. Abe Planzenwurzeln sind die Inseln weiterhin leicht brechen, und selten ist das Land in Ruhe. Besonde Nord- und Südspitze der Inseln sind ausgesetzt, gerade hier sind die Gezeitenströme äusserst misch.

Folgen wir dem Inselbogen von Norden bis S Bei Blåvand legt die Küstenlinie plötzlich den Ku

SSW bis OSO, und erst nach Skallingen und Fanøs
Kilometer langen Strand wird er zu SSO wieder auf-
chtet. Zwischen Fanø und Rømø markiert eine
e von hochliegenden Sandflächen die Grenze zwi-
 Nordsee und Wattenmeer, während Mandø in
ckgezogener Majestät liegt. Mit Rømø ist die Küs-
inie ganz südlich geworden, sogar mit einem ein-
en Strich gegen Westen.

istertief bildet nicht nur die Grenze zwischen Däne-
k und Deutschland, sondern sie ist auch die Gren-
wischen Jütländisch und Friesisch, zwischen den
en, meeresgebildeten Inseln und den alten Geest-
ln. Sylt und Amrum bilden das Bollwerk Nordfries-
 gegen das Meer. Sie halten noch stand obgleich
Jahrtausende hindurch hart angegriffen wurden.

Marsch und ihre Eindeichung

Nationalitätsgrenze, die in 1920 zwischen Nord-
Südschleswig festgelegt wurde, war in allerhöch-
n Grade ungeographisch. Gegen Osten trennte sie
schleswigsche Regionalzentrum Flensburg von ih-
ganzen nördlichen Hinterland, während die Gren-
egen Westen Højer und Tønder als isolierte Vorpo-
hinterliess, von dem gewaltigen Marschland ab-
nitten, das ihre Lebensbedingung und Voraus-
ng war. Wenn man auf dem westschleswigschen
enweg von Norden kam, begegnete man schon
Ribe die ersten reichen Marschwiesen, und das
na wiederholte sich, wenn man südlich von der ho-
 Geest Skærbæks die grosse Niederung Bredeå's
ierte. Denn überall, wo Flüsse auf den Sandebe-
er Eiszeit das Meer erreichten, breiteten sich die
chablagerungen der Gezeiten weit ins Land hin-
Bevor 1900 schützte kein Meeresdeich das nied-
 Land nördlich von Højer, und die Sturmfluten
ten ungehindert hineindrängen.

st bei Højer und Tønder ändert das Bild seinen
akter. Teils wird das Marschland hier mächtiger
eiter nördlich, teils wird das Land hier viel starker
 friesischen Kulturerbe geprägt. Schon in der
ngerzeit erreichten der Handel und die Kolonisie-
der Friesen diese Ufer, und friesische Bauern bau-
re Warfhöfe und Sommerdeiche im meerumflos-
n Deltaland. Im Mittelalter wurde Koog auf Koog
deicht, und dieses Land gibt dann dem Reisen-
ie ersten niederländischen Assoziationen.

nnen am Geestrande liegen die fusstrockenen
r der Jütländer vom ländlichen, friesischen Bau-
prägt. Wo Fluss, Geest und Marsch zusammen-
, liegt Tønder, dessen Giebelhäuser für die
swigsche Kleinstadt typisch sind. Und endlich -
en in der Marsch - die grossen Höfe auf ihren
n, die Aristokratie der Gegend, und die Reihen
leinbauern auf Deichen und Sandkämmen.

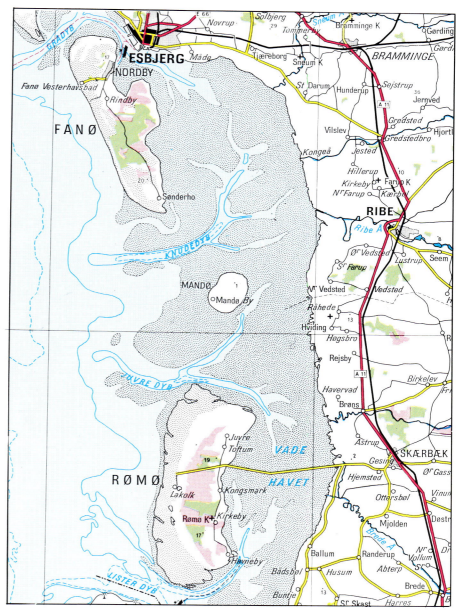

Reproduceret med Geodætisk Instituts tilladelse (A.219/74).

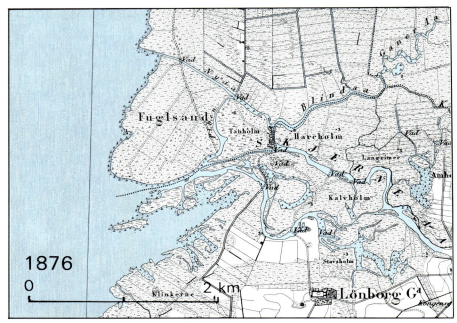

1876

Reproduceret med Geodætisk Instituts tilladelse (A.219/74).

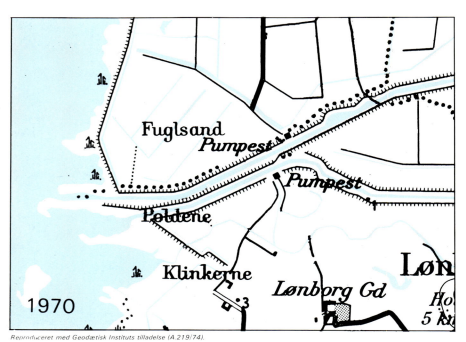

1970

Reproduceret med Geodætisk Instituts tilladelse (A.219/74).

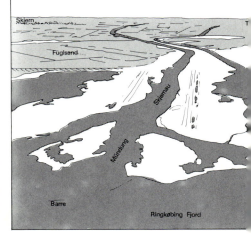

Der wasserreichste Fluss Dänemarks schiesst grösste Delta des Landes in ihre grösste Lagune aus. Jütlands Mississippi! Wo der schmale Strom Flusses den Fjord erreicht, sich breitet und langsa wird, lagert er seine Ladung von Schlamm und San hervorgeschobene Bänke ab, die schnell von der gegenwärtigen Seebinse erobert werden. Als der F im 17. Jahrhundert durch seine Rinne bei Haurvig Wassermengen der Sturmflut offen lag, drängte Salzwasser weit über die niedrige Sandebene hi die das Hochland Skjerns und Lønborg trennt. Hie es dann seine Kleischichten über die Sumpfniede gen des Flusses abgelagert, und Fluss und Meer h gemeinsam die breite Bucht ausgefüllt und die Gr lage des Amphibienlandes gebildet.

Wie man es auf der Karte von 1870 - mit au druckter 1970-Karte - sieht, ist das Wachstum sc geschehen. Das Skjernå-Delta war vor der Entwä rung in den 1960ern eine Wildnis, deren äusserer Fuglsand, aus grossen Schilfrohrgebieten mit reichen abgeschnittenen Flusswindungen best Heutzutage, wo alles eingedeicht und reguliert den ist, die Naturlandschaft in eine Ingenieur schaft verwandelt, ist alles mehr prosaisch gewo aber eine Segelfahrt den Fluss herab ist immer noc Erlebnis. Besonders wenn man ins Wasser spri muss, um das Boot über die Sandbarre, die imme gelagert wird, wo der Fluss den Fjord begegne schieben, findet man etwas von der alten Stimr wieder.

1 Das Delta der Skjern Au

Unter uns die Kleinstadt hinter ihrem Hafen. Vor
Silos für Dünger und Futter, wie die Nordseewerft Eri
nerungen aus der Zeit, als der Hafen beschifft wurd
Und südlich vom Hafen der neue Verwaltungspala
Dahinter beginnt die alte Kleinstadt. Ein Dutze
schmale Gässchen führen nach Torve- und Bredgad
der ehrwürdigen Achse der Stadt. Und hinter der Sta
– im fernen Nordwesten – sieht man Vonå und Holm
land, dahinter wieder Stadilfjord und die schmale Lan
zunge der Düne.

Das alte Westjütland war schwach bevölkert, u
die Kleinstädte waren wenige und klein. In der sü
westlichen Ecke des Heidelandes lagen Varde u
Ribe, im Norden Holstebro. Dazwischen hatte
Halbinsel keine Städte.

Aber draussen am Fjord lag Ringkøbing. Bevor 18
war Ringkøbing Fjord die einzige Lagune der We
küste, die man beschiffen konnte, und dennoch war
die Verhältnisse schlecht. Die Beschiffung wurde i
mer schwieriger, denn der Auslauf des Fjords wand
te immer südlicher, und der schmale und kaum p
sable Strom erreichte eine Länge von 15 Kilomete
Wenn auch die Schiffe gut durch den Einlauf kam
mussten sie oft tagelang liegen bleiben und auf güns
geren Wind warten, um den Strom hinauf zu komm

2 Ringkøbing, Stadt und Hafen

Unmittelbar westlich von Ringkøbing passiert ⟨man⟩ Vonå und ist damit auf der Insel Holmsland. Hie⟨r ist⟩ doch nicht mehr viel Insel übrig. Holmsland wird ⟨ge⟩gen Osten nur von der schmalen Au, gegen Westen ⟨von⟩ einem Entwässerungsgraben umgeben. Aber frü⟨her⟩ var es anders, denn damals verbanden die beiden ⟨För⟩derungen Ringkøbing Fjord mit Stadil Fjord auf be⟨iden⟩ Seiten der Insel. Die Stürme aus Norden und Sü⟨den⟩ konnten gewaltige Wassermengen durch die sch⟨ma⟩len Rinnen von Ringkøbing Fjords 300 KM2 in S⟨tadil⟩ Fjords 50 KM2 stauen. Da man deshalb in den 18⟨60⟩ern Stadil Fjord trockenlegen wollte, baute man ⟨eine⟩ Reihe von Dämmen queer über die westliche M⟨eer⟩enge, – die östliche war schon abgesperrt. In 1864 ⟨wur⟩de die Meerenge auf der Höhe von Hovvig und S⟨øn⟩dervig geschlossen, in 1865 baute Leutnant Bagge⟨n ei⟩nen Damm weiter gegen Süden. Aber schon im H⟨erbst⟩ im selben Jahr zerbrachen ihn die Wassermengen ⟨. Der⟩ Damm blieb zerstört liegen, und sowohl die Kart⟨e als⟩ das Luftbild zeigen die dreiteilige Ruine.

Unter uns liegt Holmsland. Dies war der Sch⟨werp⟩punkt der Gemeinde, hier lag die fette Erde, und ⟨von⟩ hier aus wanderte die landlose Bewölkerung südw⟨ärts⟩ und übernahm die Düne, die sandige Gemeinde⟨hälf⟩de. Aber Gammelsogn Kirche blieb der kirchliche ⟨Ver⟩sammlungsort der Gemeinde ganz bis 1869, al⟨s⟩ Kapellen der Düne gebaut wurden. Bevor der Zeit ⟨fuhr⟩ man mit dem Wagen über den Sand oder legte mit ⟨dem⟩ Boot am Kirchhofsteilufer an.

3 Die Insel Holmsland

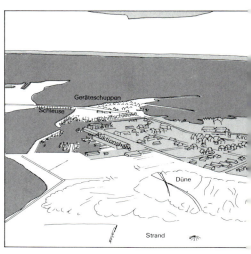

Unter uns breitet sich der Fischereihafen Hvide Sa[nde] des hinter Buhnen und brandungsgeplagter Dü[ne] Nachdem man hundert Jahre hindurch vergeblich v[er]sucht hatte, einen stabilen Auslauf bei Nymindegab [zu] etablieren, entschloss man sich endlich, die Rinne m[it]ten in der Düne zu verrücken. Man wählte Hvide San[de] - einen öden Ort ohne fruchtbare Marschwiesen. 1909-10 grub man dann den ersten Kanal durch [die] Düne, 25 Meter breit und 2,5 Meter tief. Der Ka[nal] funktionierte befriedigend das erste Jahr, aber sta[rke] Stürme erweiterten ihn bald bis 230 Meter, und [die] Einströmung wurde so stark, das die Fjordwies[en] mehrmals unter Wasser gesetzt wurden. Deshalb [schloss] man ihn dann wieder in 1915 geschlossen, um ers[t] 1931 den heutigen Durchlauf mit seinen Schleusen [zu] bilden. Zwei Jahre später wurde der Hafen gebau[t].

Jahrhunderte hindurch hatten die Kleinbauern [der] Düne vom offenen Strand und von den Kleinhäfen [der] Fjordseite gefischt, oder sie hatten an der Fischerei v[on] dem wohlbeliegenden Fischerdorf bei Nyminde[gab] teilgenommen. Trotz des Aufblühens der Hvide San[de] Fischerei hat die Stadt ihre Harmonie behalten. [Die] Kutterflotte rekruttiert immer noch ihre Mannsch[aft] aus den alten Geschlechtern der Düne, alle Aktiv[ität] sammelt sich um den Hafen, und die ganze Fam[ilie] muss noch mitarbeiten, besonders wenn die S[ee]zungenfischerei im Frühling anfängt. Die zweih[un]dertjährige Flotte von möwenblauen Kuttern ist gut [er]halten, gepflegt ist der Fisch, den sie ans Land b[rin]gen.

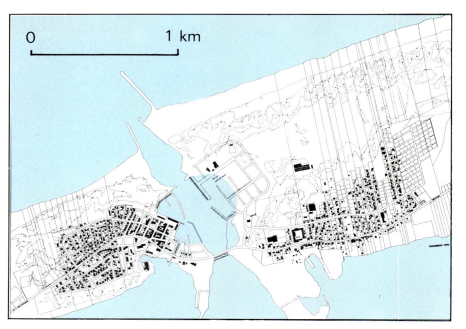

4 Der Schleusenhafen Hvide Sande

Reproduceret med Geodætisk Instituts tilladelse (A.219/74).

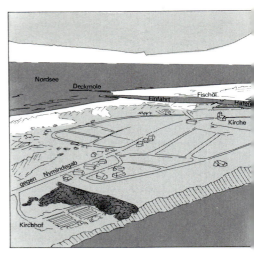

Hvide Sande von Süden! Noch im Sommer 19
musste der Radfahrer 20 Kilometer auf einem Ger
weg fahren, bevor er endlich in der Ferne die Fata M
gana von Hvide Sande ahnte. Und auch die Fata M
gana war damals so la la, denn was im Jahre 1974 e
gepflegte Villastadt ist, war noch in den ersten 195
ern eben so barsch wie die Dünen, das Klond
Westjütlands! Auch wenn sie schon damals zwan
Jahre alt war.

Hvide Sande hat zum Unterschied von den Gro
häfen ihr Fischermilieu bewahrt. Der grössere Teil
Bevölkerung ist immer noch Fischer oder sonst irge
wie von der Fischerei abhängig. Ebenso wie je
Fanø-Junge mit Selbstachtung nach der Konfirmat
zur See fuhr, ist die Fischerei die natürliche Gewer
wahl für den Jungen in Hvide Sande, der früh seine K
riere beginnt, wenn er eigene Netze und Reusen auf
Fjordseite hinaussetzt. Die Fischerei hat dabei
Proletarisierung, die das Schicksal des Grosshafens
entgangen, und da die Industriefischerei trotz Fisch
fabriken noch bescheiden ist, hat Hvide Sande ihr
präge des aktiven, freundlichen und sauberen Fisch
dorfs bewahrt. Hier findet der Tourist ein Milieu
einem gewohnten täglichen Leben, eine Gesellsch
die sowohl fremdartig als malerisch ist, aber gleich
tig eigenständig. Der Tourist ist immer nur noch G

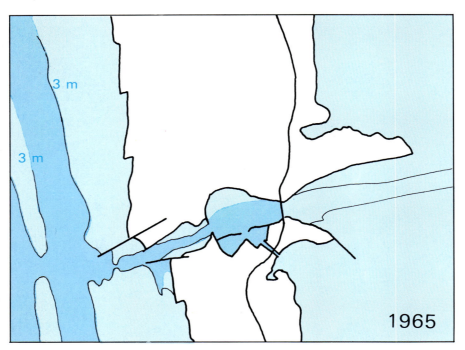

1965

5 Villastadt und Fischerdorf

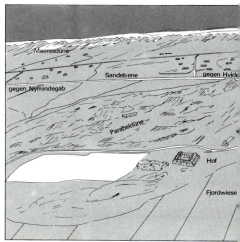
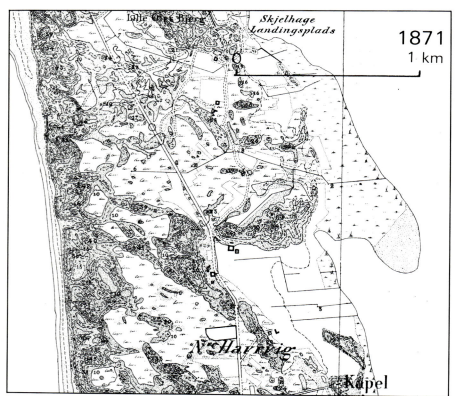

1871
1 km

Reproduceret med Geodætisk Instituts tilladelse (A.219/74).

Holmslands Klit ist nach Holmsland, der reichen M‑
neninsel im Norden, benannt. Denn ihre Bauern
ten Nutzniessung an dem Teil der Nehrung der n
lich der Mündung lag. Und als der Auslauf südw
wanderte, besassen sie fast die ganze Nehrung
Frühjahr trieben die Holmslandbewohner ihr Vieh
den Sand, und bis zum Herbst konnte es dann ge
wie es wollte. Als die Bevölkerung anwuchs, wurde
Vieh von landlosen Leuten ersetzt, die Düne
fischenden Kleinbauern bevölkert. Die Erde war
ger, das Klima rauh, aber die Marschwiesen gaber
te Heumahd, und im Dünensand konnten Karto
und Hafer wachsen. Bis zur Jahrhundertwende ga
die Strandungen einen Zuschuss von Bauholz, N
und Fjord gaben Fisch. Dies alles gab einen W
stand, der aus den breiten Höfen zu ersehen ist.

Auf dem kleinen Photo schauen wir gegen H
Sande. Im Vordergrund schiessen die grünen Wies
den Fjord hinaus. Bei Sturmflut brach das Meer q
durch die Nehrung und lagerte seinen Sandrauk
kleine Halbinseln in den flachen Fjord ab. Mitten im
Haurvig Kapel, ein Zeichen der wachsenden S
ständigkeit des Dünenvolkes. Im Laufe des 19. J
hunderts wuchs die Bevölkerungszahl und die Ein
men der Düne, und in 1869 wurden zwei Kapellen
baut. Damit wurde das Dünenvolk unabhängig vo
alten Gemeindebindung. Die Unabhängigkeit führ
1922 zu kommunaler Selbständigkeit, in 1931‑3
dem Schleusen‑ und Hafenbau, der nach und nach
Schwerpunkt der Gemeinde wurde.

6 Holmsland's Klit

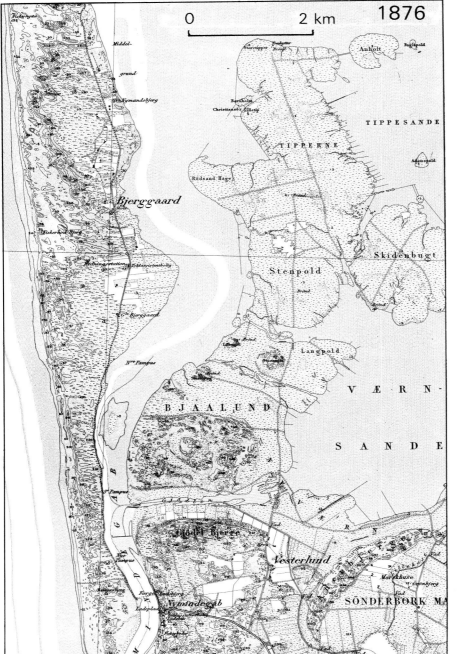

Reproduceret med Geodætisk Instituts tilladelse (A.219/74).

Seit der Anlage von Schleusen bei Hvide Sande
Tipperne sich von Marsch zu Moor entwickelt. Vo
Zeit hielten die Überschwemmungen des Winter
jahres die Strandwiese jung, weil sie dem Boden
nahrhaften Ablagerungen zuführten. Dies alles b
deten die Schleusen. Der Wasserstand des Fjords
de jetzt innerhalb festen Grenzen gehalten. Die G
tenrinnen wurden überwuchert, das Wollgras bre
sich, wo früher die Harril der Strandwiese geher
hatte.

Unter uns liegt der Aufwuchs. Wie Jahresringe
Baumes erzählen die konzentrischen Zuwachs
der Grasbüscheln von der Eroberung Tippersa
Noch in 1950 lag das Watt östlich der Halbins
eine nackte Sandfläche. Wenn der Wind südös
war, wurde das Fjordwasser gegen die Nordspitz
Lagune hinaufgepresst, und Tippersande lag tro
Wenn der Wind nordwestlich war, wurde das F
wasser in Falen Tief hinuntergestaut, die Sande
schwemmt. Im Laufe der letzten 20 Jahren sin
Sandgebiete überwuchert worden. Erst kam die M
binse. Dann folgte das Schilfrohr, die Hügelchen v
sen und breiteten sich und hielten den zugefü
Sand fest. Das Land wurde höher, andere Pfla
wanderten ein, und jedes grössere Hügelchen v
ein Meerbinsegebrämter Grashügel. Hektar auf
tar wurden von den Pflanzen erobert mit neuen
lichkeiten für die Tierwelt. Tipperne, das grösste
senschaftliche Schutzgebiet Dänemarks, ist i
noch eine Reise wert.

7 Das Vogelschutzgebiet Tipperne

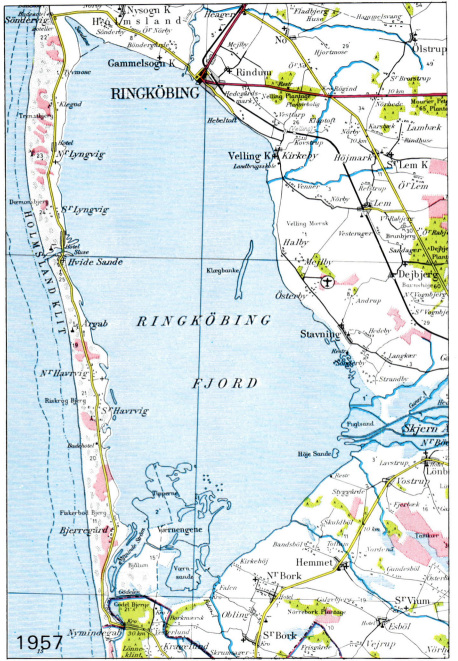

1957

Reproduceret med Geodætisk Instituts tilladelse (A.219/74).

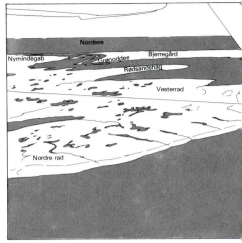

Unter uns liegt die Strandwiese Tippernes - im L
des 18. und 19. Jahrhundert durch Wachstum auf
grossen Sandflächen gebildet, die innerhalb des da
ligen Nymindegab lagen. Durch die Mündung ha
die Winterstürme das Meerwasser in den Fjord hir
gepresst, und die Pflanzen der Strandwiese sein S
und Schlick gebunden. Das Land wuchs! Das Luf
verrät noch die meeresgebildete Vergangenheit
pernes. Vom Wiesenrand schneiden die Priele ihre
nen weit ins Grüne hinein. Aber der Pulsschlag de
zeiten hat schon längst aufgehört. Zahlreiche K
seen liegen zerstreut in der Strandwiese. Im Frü
sind sie wassergefüllt, trocknen aber im Laufe
Frühsommers aus. Wasservögel gründen Kolonie
ihren Kleininseln, geben aber auf, wenn die Insel
Mai landfest - und damit zugänglich für Fuchs, Iltis
Hermelin - werden.

Tipperne markiert den Rest der Nehrung des
Jahrhunderts. Später wuchs Holmslands Klit von
den westlich um Tipperland herum, und das Fjord
ser musste einem stets längeren Weg südwärts fo
um die Mündung zu erreichen. Je länger Weg, je g
ger wurde die Wasserpassage zwischen Meer
Fjord, je geringere Tiefe, je schwieriger die Segel
Die ferne Inselreihe, die sich von Grønodde die le
6 Kilometer bis Nymindegab streckt, entstand, a
Pumpbagger um 1900 den Strom auftiefte, dam
Fischerleute des Fjords und die Schiffe Ringkø
das Meer erreichen konnten.

8 Vom Meer gestaltet

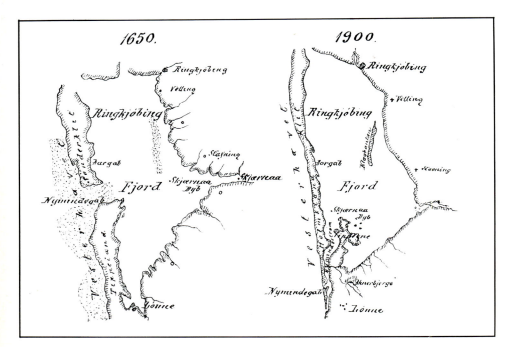

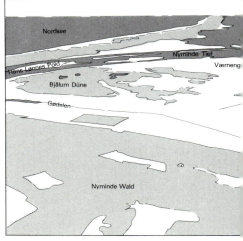

Unter uns liegt Nymindegab Wald, und hinter der nen Niederung Gjødelens die Bjålum Dünen. Nörd der Düne breiten sich die Værn Wiesen, während Nymindestrom in Nordwesten sich einen Weg wärts mit Holmslands Klit als westliche Abgrenz bahnt.

Holmlands Klit ist ein Grünschnabel! Noch am fang des 18. Jahrhunderts lag Bjålum Klit als Sc des Fjords gegen Westen, aber in den folgenden Ja verlängerte die südwärtsgehende Materialienwa rung die nördliche Nehrung westlich der Bjålum K und die Rinne, die bisher wie ein regelrechtes Lo der Nehrung geformt war, wurde eine trichterför Rinne zwischen der neugebildeten Bjerregård D und der alten bei Bjålum. Der Strom frass sich in d te Meeresdüne hinein, aber als der Abstand zwis Meer und Fjord immer grösser wurde, hörte auc ser Abbruch auf. Solange die Rinne existierte, wa Nymindestrom der salzigste Teil des Fjords, wo Dreherleute des Fischerdorfs mit unzulässi Schlepp-netz Heringe als Köder für die Angelh schufen. Als Hvide Sande die Rinne ablöste, wurd Strom aber fast süss, und heutzutage breitet der V serhahnenfuss im Juni seinen weissen Teppich die fast zugewachsene Rinne.

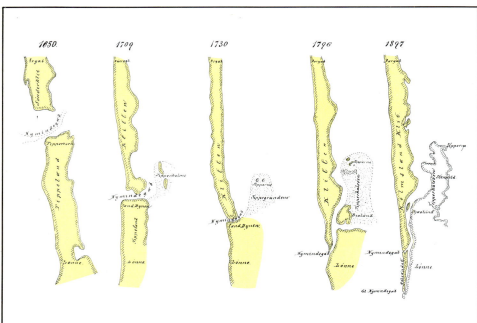

9 Die alte Düne von Bjålum

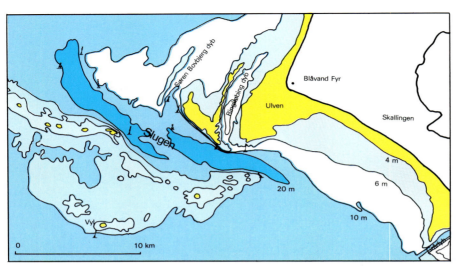

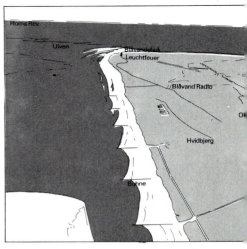

Schematische Karte von der Küstenlinie des Steinzeitmeeres. Die heutige Küste ist eingezeichnet.

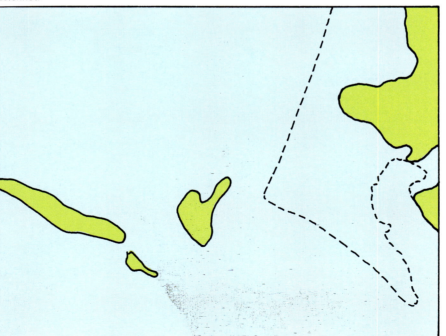

Die westliche Landspitze Jütlands, Blåvandshuk. E
junge Ecke, denn noch vor 5000 Jahren lag die Spi
12 Kilometer NNW, bei Grærup. Später hat das M
Strandwall auf Strandwall auf der alten Steinzeitkü
zugebaut, und die Landspitze Jütlands verrückte s
immer weiter gegen SW. Aber was das Meer mit de
nen Hand gibt, nimmt es mit der Anderen, und un
uns liegt einer der besonders ausgesetzten Punkte.
auf den folgenden Seiten genannt, war die Küste s
lich von Oksby einer der Orte, wo das Meer im
Durchbrüche machte. Als das Wasserbauamt um
Jahrhundertwende anfing Buhnen anzulegen,
stärkte das Meer seinen Angriff auf die Küste öst
von Blåvand. Südlich von Oksby wurde die Dünenl
jedes Jahr mehrere Meter abgebrochen, und
musste die Küstenlinie durch Anlage von einer B
nenreihe sichern. Das Luftbild zeigt, wie sie funk
nieren. Die südostgehende Beförderung von Sand
vor der Buhne aufgefangen, und die neue Strandl
wird als eine Reihe von Bogenlinien geformt. Es ist
rakteristisch, dass die Sandbeförderung nicht
Buhne passiert, der Sand liegt in Luv, nicht leewä

Wo das Meer die Landspitze rundet, wird eine R
von gebogenen Sandbänken abgelagert, und dahi
ahnt man die grosse Sandfläche Ulevens. Horns
kann man nicht sehen. Sie streckt sich 40 Kilomete
Meer hinaus.

10 Blåvandshuk

1650

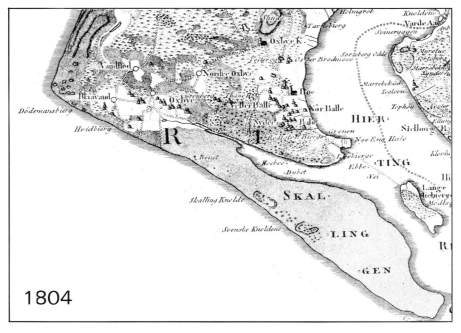

1804

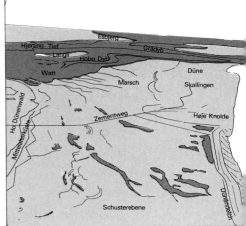

Ein Blick von Blåvand gegen Südosten über die G
ze zwischen der mittelalterlichen Küstenlinie und
jungen Skallingen mit Ho Bucht als Hintergrund.
gleichen wir Peter Mejers Karte von 1655. Obgl
Skallingen nach der 1634-Sturmflut langsam au
baut wurde, dominiert immer noch die Mittela
küste. Von Totmannsberg bei Blåvandshuk lief die
ste weiter südlich um Oksby über Alt Sondersyde
Sondersyde. Südlich von hier lag Skalling-Haven,
gegen Süden von der Düneninsel Stormholm auf S
lingsand abgegrenzt wurde. Die Karte von 1804 z
in grossen Zügen dasselbe Bild. Die Halbinsel ist
eine Realität, aber noch schneidet Hobo Tief seine b
te Rinne in den Fuss der Halbinsel hinein.

Im Laufe der Jahrhunderte wurde Skallinghavn
gefüllt, und das Fischerdorf von Sondersyde mu
immer weiter gegen Osten ziehen. Heute existier
nur als ein Netz von Gezeitenrinnen, das man auf
nächsten Luftbild sieht.

Auf dem Luftbild markiert der Waldrand die
Küste, während Skomagersletten - die Schustereb
- Skallinge-Haven markiert. Die Schusterebene
der schwache Punkt der Halbinsel, denn die starke
sion der Brandung und der Durchbruch des Meeres
derten die Bildung eines soliden Dünenschutzes ge
Westen. Erst als das Wasserbauamt nach der J
hundertwende den Dünendeich von Blåvand bis S
ling Knolde baute, hörte die Überschwemmung
und die hohe Sandebene wurde zu Strandwiese.

11 Die Schusterebene

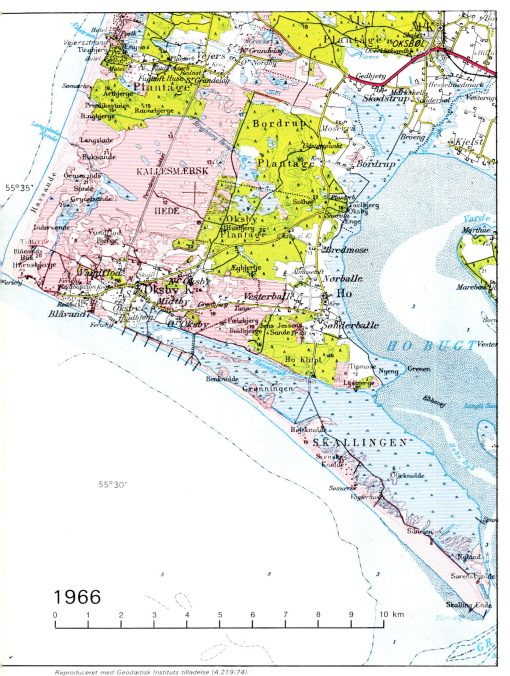

1966

0 1 2 3 4 5 6 7 8 9 10 km

Reproduceret med Geodætisk Instituts tilladelse (A.219/74).

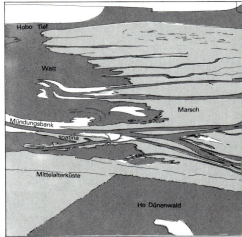

Die Meeresdurchbrüche über Skomagersletten wa eine Kombination von Wegspülen und Ablageru Was das Meer mit sich spülte, wenn die Flut durch schwachen Dünenschutz brach, hat es wieder ab lagert, wenn es auf dem Weg über die Halbinsel Kraft verlor. Skallinghavn wurde zum Hobo Tief, H Tief wurde zum Havnegrøft. Die Halbinsel wurde einem breiten Heft auf die Mittelalterküste schweisst, der Umriss Jütlands wurde nochmals ändert. Aber bis 1900 lagen Skomagersletten und breite Marschland Skallingens wie eine sterile Sa ebene, - ebenso wie Rømøs Havsand - bloss ge Osten gewendet. Das Meer konnte immer wieder Landschaft umformen, denn keine Pflanzen banden

Aber gerade zu dieser Zeit begann die Strandw den östlichen Rand des Hochsandes gegen Ho B hinaus zu kolonisieren. Die Pflanzenwurzeln ban das Land, und die Gezeiten schnitten ihre Rinnen ti das neugebildete grüne Land hinein. Der Drän Priele verbesserte den Wachstum der Pflanzen, Jahr für Jahr breiteten sich Strandwiese und Ge tenrinnen rückwärts über den Sand hinein. Das Luf zeigt, wie eine Reihe von Prielen in die Bucht mün da wo Skallingen mit den Strandwällen der alten ste zusammentrifft. Die Priele lagern ihre Sandla gen über das Watt als lange Mündungsbänke ab, die Pflanzen der Marsch lassen sie bald blühen. G Finger im grauen Watt.

12 Schöpfung der Gezeiten

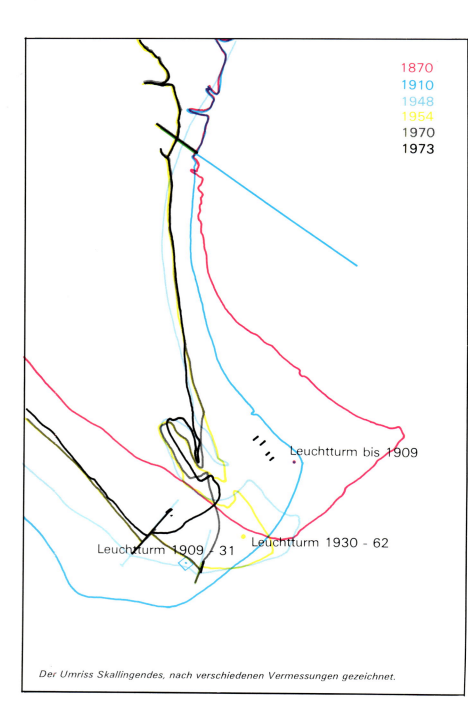

Der Umriss Skallingendes, nach verschiedenen Vermessungen gezeichnet.

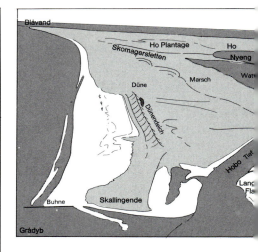

Bei Blåvandshuk - dessen Knie man oben links ah
kann - beginnt die Gezeitenküste der Nordsee. Ge
Westen Meer und Strand, danach eine breite Dü
zone, die gegen Osten langsam in Marsch und W
hinübergeht. Da der Eingriff des Menschen auf Ska
gen sich auf den Deich und Buhnenbau des Was
bauamtes beschränkt hat, entging die Halbinsel
Umformung, die allen übrigen nordwesteuropäisc
Marschgebieten zuteil wurde. Skallingen wird im
noch von Wind und Meer beherrscht! Besonders a
gesetzt ist die Südspitze, Skallingende, wo spe
Hobo Tief durch die letzten hundert Jahren taus
Meter von dem östlichen Rand abgeschnitten hat.
Wasserbauamt hat versucht den Naturkräften zu t
zen. Die Herbststürme, die vor der Jahrhundertwe
über die Dünen hineinbrachen, wurden von dem
stanten Sanddeich, der mitten durchs Bild geht, ef
tiv ausgeschlossen. Mit dem Buhnenbau hatte
kaum so viel Glück, und im Herbst 1973 hat das M
auch noch die letzte Buhne abgebrochen. Aber u
achtet dieser Änderungen wird die Halbinsel we
existieren. Das Meer, der grosse Baumeister, jong
nur ein bisschen mit seinen Materialien.

Skallingen wird gegen Norden - zwischen Ho
Oksby - von Wald und Dünenheide abgegrenzt,
gleichzeitig die mittelalterliche Küstenlinie markie
Hier lag das bedeutendste Fischerdorf der jütlä
schen Westküste, Sønderside.

13 Die Halbinsel Skallingen

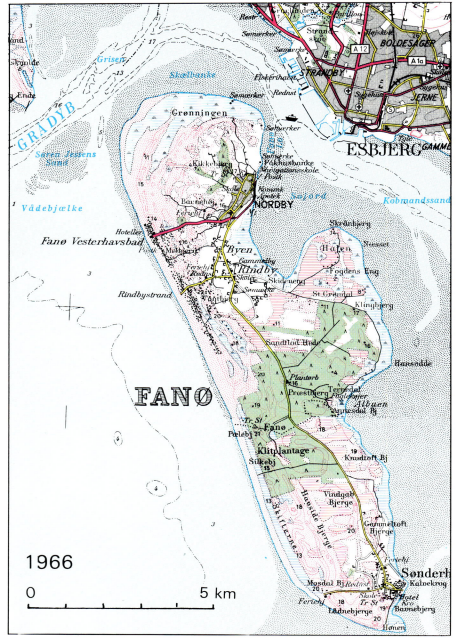

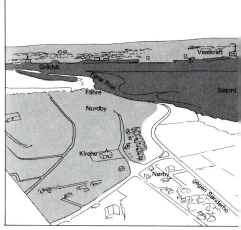

Ein Blick über die nordwestliche Landspitze Fanøs, Nordby als Vordergrund, Esbjerg als Hintergrund, Grådyb getrennt. Nordby und Sønderho liegen symmetrisch an den beiden Enden der Insel. Sie lie gegen Osten an je ihrer Gezeitenrinne. Schon in 1 kann man im einem Bericht über Fanø lesen: . . . Land ist nichts als zwei arme Fischerdörfer und in selbst sehr von Sand verdorben«. Aber die Fischer fer lagen wohlgeschützt gegen den Westwind und tiefem Wasser ganz dicht am Land. Die Rinnen ga Möglichkeit für eine Reihe von supplierenden Ein men, erst bei der nahen Fischerei, dann bei Wa und Seefahrt. Dies hat früh die Bevölkerungszah Insel stimuliert, und Sønderho und Odden wurden matsorte zahlreicher landloser Fischer und Seel Alle hatten Weiderecht auf der grossen Allmende, was die Erde nicht geben konnte, gab das M Nordby wurde etwa mitten im 19. Jahrhundert wichtigste jütländische Hafen.

Als die Segelschiffzeit vorbei war, wurde der S fahrt und den Schiffswerften ein Ende bereitet, Seeleute brauchte man immer noch, und wenn a viele von ihnen zu den grösseren Häfen zogen, is Seefahrt - im scharfen Konkurrenz mit den Pens sten - der wichtigste Erwerb der Insel.

Reproduceret med Geodætisk Instituts tilladelse (A.219/74).

14 Die Schifferstadt Nordby

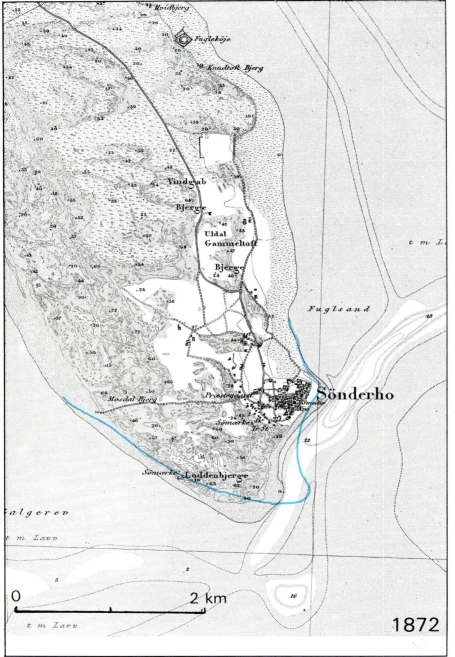

Fast ganz Fanø liegt unter uns. Das dunkelgrüne
mandsland der Wälder trennt die beiden Gemein
der Insel, das ferne Nordby und das nahe Sønde
Einst getrennt, heute durch die helle Linie des F
weges verbunden. Draussen gegen Westen sieht
den Höhepunkt Fanøs, Havside Bjerge, eine alte M
resdüne, die noch alle ihre Windbrüche behalten

Mitten im Bild Sønderho. Von Süden rundet
schmale Rinne Galgedybs die Südspitze Fanøs und
sich in einem breiten Schwung dicht an die Insel
an. Wo Gezeitenrinne, Düne und Marsch sich be
nen, liegt die Stadt. Um das Jahr 1800 hatte sie 1
Einwohner und war also ebenbürtig mit vielen d
schen Kleinstädten. Ihr Reichtum war die S
schiffflotte. Nachher kam es zurück, Nordby übern
die Führung, bis auch ihre Grösse mit dem Da
schiffsalter beendet wurde. Sønderho ist heute T
sten und Pensionisten überlassen, und nur das L
rinth der Gassen zwischen niedrigen Schifferhäu
erzählt von der Vergangenheit.

Die Dünenlinie Fanøs verlängert sich gegen
osten in Hønen (»das Huhn«). Hønen ist neu, hat
endliche Form in diesem Jahrhundert bekom
denn noch auf der Karte von 1872 hat Galgedyb
dicht an den Dünenfuss hineingeschnitten. Späte
Hønen weitergewachsen und hat hinter ihrem
sprung der Pflanzenwelt und der Marschbild
Schutz geleistet. Heute frisst der Mahlstrom der
zeiten schon wieder von eigenen Ablagerungen

15 Fanø bei Sønderho

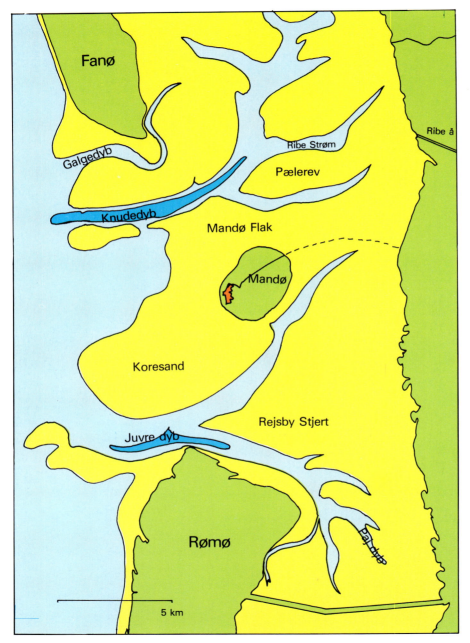

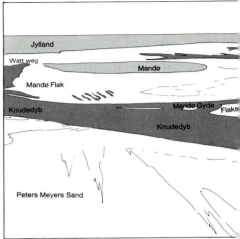

Während unser Flugzeug sich in der Nähe von der spitze Fanøs befindet, schauen wir weit hinaus übe Formwelt des Wattenmeeres. Es ist Ebbe, und nur nen und Tiefe sind wassergefüllt. Unter uns breite Peter Meyers Sand. Es ist ein Hochsand, eine hoc gende Sandfläche, die auch bei normaler Flut trc liegt. Dahinter folgt Knudedyb, dessen Gezeite stem ein etwa 150 km2 grosses Wattenmeerg zwischen Mandø Ebbeweg und der Mitte Fanøs wässert. Die 15 Meter tiefe Rinne Knudedybs c der Schiffahrt nach Ribe, aber der grosse Wasse verlor schnell Tiefe gegen Land. Auch bei Hochw konnte nur der flache Ewer den Ribe Strom hina hen, ja, musste auch noch in guter Entfernung von jütländischen Festland ausladen.

Mitten im Bild wird Mandø Flak von der grünen der Marsch gekrönt, die erst bei der Eindeichu 1937 ihren heutigen Umriss bekommen hat. Das bild illustriert die Unzugänglichkeit Mandøs. Auf Seiten ist sie von Watten umgeben, nirgends führt bei Nordby, Sønderho, Juvre und Havneby - eine s bare Rinne dicht an die Insel. Nur der Ebbewe Verbindung. Während Mandø die Üppigkeit besit die Düneninseln entbehren,, hindert ihre Iso einen effektiven Absatz der Erzeugnisse. Die ju Leute müssen sich über Erwerb und Aufenthaltsor scheiden, entweder-oder! Entweder grundhe Bauer auf Mandø, oder von der Insel wegziehe

Das Wattenmeer zwischen Fanø und Rømø mit ihren Sandflächen.

16 Die Welt des Wattenmeers

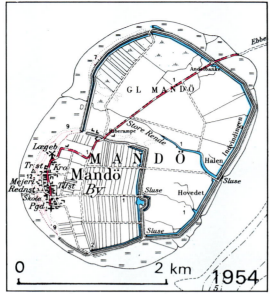

Reproduceret med Geodætisk Instituts tilladelse (A.219/74).

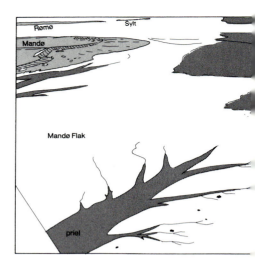

Noch ein Eindruck von dem unscharfen Übergang
schen Meer und Land im Wattenmeer. Von ei
Punkt nördlich von Mandø schauen wir gegen Sü
mit Mandø und ihrer Sandfläche als Vordergr
Rømø und Sylt im fernen, diesigen Hintergrund.
Bild wird von sonnenglitzendem Gegenlicht in ei
der Prielen von Mandø Flak dominiert. Das Flak is
hochliegendes Watt, das bei Flut kaum bedeckt v
Nur gegen die umliegenden Tiefen hinaus wird sie
einer Reihe von markanten, aber ziemlich kurzen
zeitenrinnen wegen des starken Dräns gegen die
fen Rinnen hinaus, gefurchtet. Aber sie verschv
men schnell in die Ebenheit des Watts. Dicht an M
läuft ein leicht markierter Landpriel. Ausserdem s
man die geschwungene Westküste Mandøs.
Bogen werden von zwei Strandwall- und Dünensv
men geformt, die vor dem Deichbau in 1936-37
ne die Doppelinsel gegen Westen schützten. H
dem Südlichen kriechen die Dorfhäuser zusam
Das Photo illustriert den Abstand zwischen Mandø
dem Meer. Keine Brandung donnert gegen den St
und zeigt die Grenze des Meeres, nein, die g
Marsch der Insel wächst fast aus dem Watt empo
Schlusspunkt in einem Prozess, der mit einem Me
boden anfängt, der durch Sandauflagerung aufs H
wasserniveau gebracht wird. Hier invadieren P
zen, die die Kleipartikeln der Gezeiten und den
sand des Windes binden. Endlich bauen die Mens
Dorf und Deich.

17 Mandø und ihr Flak

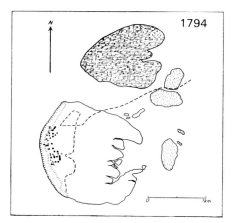
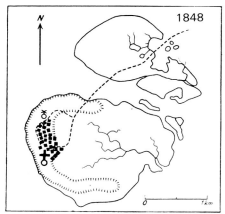
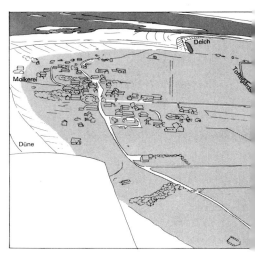
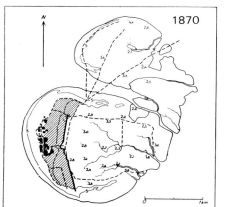
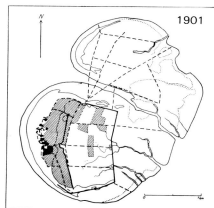
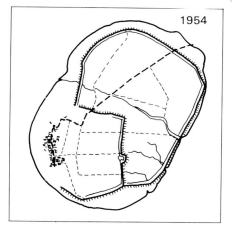

Die fünf Karten zeigen die Entwicklung Mandøs von 1794 bis 1954. Die beiden ursprünglichen Inseln - Alt Mandø im Norden und Neu Mandø im Süden - wurden durch Zuschlickung verbunden, und schliesslich von dem 1937-Deich zusammengeschweisst. Auf den Karten von 1870 und 1901 ist das Ackerland schraffiert.

Unter uns liegt das Kernland Mandøs: Die Stadt Man[dø] hinter dem 10 Meter hohen Schutz des Dünenboge[ns] und die alten Felder hinter dem Toftegårdsdeich, [der] bis zum Jahre 1887 der einzige Schutz der Insel geg[en] Osten war. Den Toftegårdsdeich kann man heute [nur] im Feldmuster spüren, aber dahinter lag das gan[ze] Ackerland der Insel, das erst durch die Eindeichung [in] Jahre 1887 und 1936-37 erweitert wurde. Gleichz[ei]tig mit der Umwandlung der Marschwiesen in Ack[er]land ist die Betriebsform intensiviert worden, die B[ö]den haben Mergel bekommen, und Flurbereinigung[en] wurden in den Jahren 1872 und 1962 vorgenomm[en]. Diese Intensivierung fiel zusammen mit dem Aufhö[ren] der Seefahrt, und sie ergab, dass Mandø ihre Einw[oh]nerzahl bis zum Jahre 1900 aufrecht erhielt. Dan[ach] wird auch Mandø von der »Inselflucht« ergriffen, [und] die Bevölkerung der Insel ist von 262 Einwohnern [im] Jahre 1890, 141 im Jahre 1969 auf 111 im Ja[hre] 1974 zurückgegangen. Die Bevölkerungsunterlage [ist] also zu klein geworden, um fast alle Dienstfunktion[en] einer modernen Gemeinde aufrechterhalten zu k[ön]nen. Wie es mit allen anderen isolierten Kleingeme[in]den geht, ist auch Mandø für ihren jungen Leute zu e[ng] geworden, nur die Alten bleiben zurück.

Bis eine Wegverbindung Wirklichkeit wird, muss [der] Anschluss zur Umwelt fortfahrend von den unreg[el]mässigen Buszeiten des Wattwegs abhängig sein, [und] zu oft ist diese Verbindung durch Sturmflut und [Auf]stauungen blokiert.

18 Das Dorf Mandø By

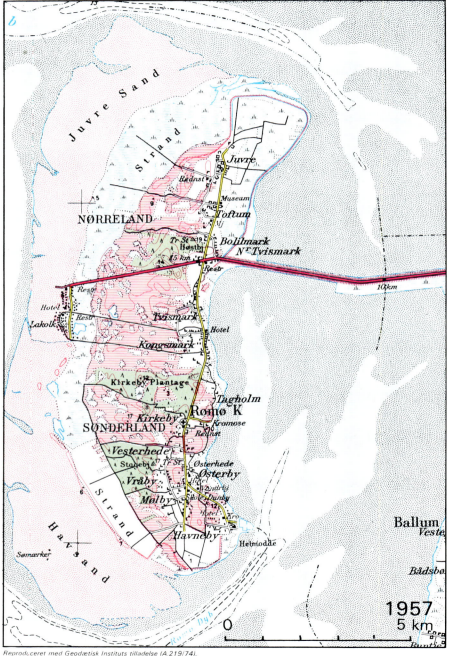

In feierlichen Farben keilen sich wiesengrün, dü[nen]braun, strandweiss und meeresblau wellig in eina[nder] hinein – ohne scharfe Grenzen. Das Photo deckt [den] nordwestlichen Viertel Rømøs, jung und meeresg[ebor]det, denn noch in 1800 war dies alles Strand und M[eer]. Aber gegen Mitte des 19. Jahrhunderts bauten W[ellen] und Wind einen neuen Dünenkamm, der heute H[otels,] Sommerhäuser und Campingplatz trägt. Eine R[eihe] von niedrigen Dünenbogen bilden die Fortsetzu[ng in] nördlicher Richtung, von dunkelgrünen Wiesen u[mge]ben. Dies wurde dann die neue Küste, die hinter [sich] den kilometerbreiten Strand abschnitt.

Aber Rømøs Wanderung gegen Westen war [nicht] vorbei, und das Luftbild schildert das Wachstum. [Se]gen wir von draussen an! Der Strand wird gegen [Wes]ten von einer Reihe von unregelmässigen Sandbä[nken] gebrämt, die deutlich die Zuleitung von Materiali[en de]monstrieren. Man sieht fast die Insel wachsen[. Die] dauernde Ablagerung formt einen Strandwall, un[d der] Wind führt seine weissen Sandmengen über die g[anz]liche Strandfläche hinein. Erst die Pflanzen werde[n ihn] anhalten.

Der Strand wird dann nach innen von einer Dün[e ab]gegrenzt, deren weissen Sandzungen sich über [die] bräunliche Pflanzendecke hineinschiessen. Hinte[r der] Meeresdüne folgt eine Niederung, dann noch [eine] Düne, zwar einige Jahzehnte älter, aber schon fas[t von] Pflanzen bedeckt. Hinter ihr eine neue Niederung[, die] endlich von der Lakolk-Düne abgegrenzt wird.

19 Rømø bei Lakolk

Reproduceret med Geodætisk Instituts tilladelse (A.219/74).

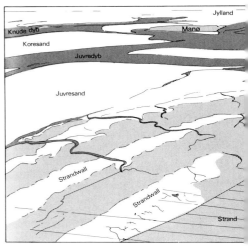

Unter uns liegen die Strandwiesen der nördlichen R dung Rømøs. Auf dem vorigen Photo sahen wir, wie Lakolk-Düne nordwärts niedriger und langsam zu krummten Strandwällen wurde. Auf diesem Bild s sie anscheinend ganz verschwunden. Wenn man nä nachschaut, sieht man dennoch dieselben Zuwach die grüne Farbe der Strandwiesen wird von e Reihe von hellen Sandkämmen abgebrochen. Strandwälle sind doch meistens nicht höher, als Gezeitenrinnen sich queer hindurchschneiden k nen. Nur ausnahmsweise liegen die Priele als ab schnittene Stückchen hinterlassen, von der Sanda gerung der Brandung blokiert.

Die Nordspitze Rømøs und Fanøs haben viele Pa lelen. Beide haben reichlichen Zugang von Mate lien, da Rømøs Juvre Sand und Fanøs Søren Jess Sand die Südflanken von Juvre und Grådyb flankie Diese gewaltigen Sandmengen werden - durch immer östlicher gehende Materialienwanderung der Nordspitze der Inseln geschweisst. Ein Vergl zwischen den 1805 Karten von Rømø und Fanø is struktiv. Während die Nordspitze Rømøs ausges chen schlank ist - besonders im Vergleich mit der tigen bastanten Insel - hat die Nordspitze Fanøs g de um das Jahr 1800 eine breite Sandbrämung kommen, ihre Grønning. So verschieden die beider seln auf dem ersten Blick sind, so ähnlich sind sie dem nächsten.

20 Anwuchs im Norden

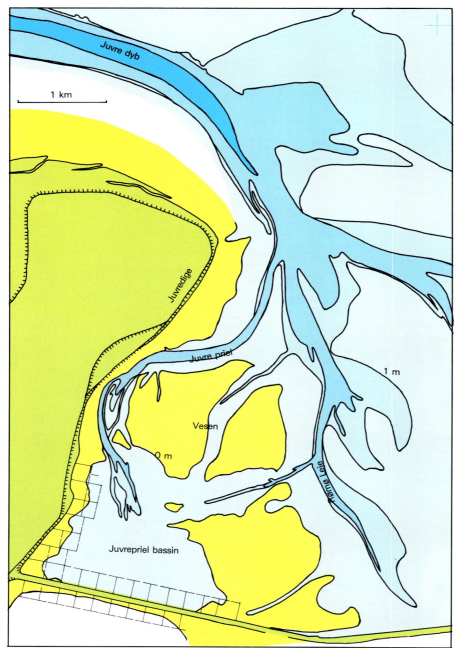

Das vom Damm abgeschnittene Juvrepriel Bassin und der neugebildete Juvrepriel

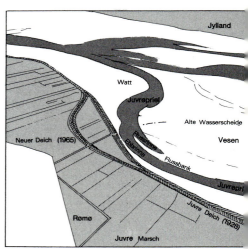

Als man gegen Ende der 1930er den Rømødamm p[lan]te, war der Verlauf im Grossen und Ganzen von [der] Wasserscheide zwischen den Gezeitengebieten Lis[ter] tiefs und Juvretiefs bestimmt. Wenn man ihn dort legen würde, würde man die Hydrographie des Ge[bie]tes wenigst möglich stören. Das Schwierige lag da[rin,] dass der Damm in diesem Fall Rømø in der Nähe [von] der Nordspitze erreichen würde, und das wäre v[er]kehrsmässig unpraktisch. Deshalb zielte man ein[en] Kilometer südlicher. Man hat aber dabei ein Was[ser]becken von fast 5 Km2 von seinem Ablauf gegen [Sü]den abgeschnitten, und in den folgenden Jahren wu[chs] ein bescheidener nordwärtsgehender Priel sich gr[oss.] Der Strom wuchs und schnitt sich bei fallendem W[as]ser immer dichter an den Juvredeich hinein, und [im] 1965 musste man dann einen neuen zurückgezo[ge]nen Deich bauen. Der alte Deich ist noch nicht du[rch]brochen, aber der Ebbstrom hat sich doch weit in [ihn] hinein gefressen. Diesmal hat nicht die Sturmflut [die] Existenz des Deiches gedroht! Im Gegenteil droht [hier] ein plötzlicher Übergang zwischen einem kräfti[gen] Hochwasser und einer extremen Ebbe, zum Beis[piel] von einer plötzlichen Windänderung vom Westen z[um] Osten verursacht, mit einem gewaltig erodieren[den] Ebbstrom als Resultat. Juvrepriel ist ein gutes Beis[piel] von der Gefahr, die man läuft, wenn man in das f[eine] Spiel der Naturkräfte eingreift.

21 Der Juvre Priel

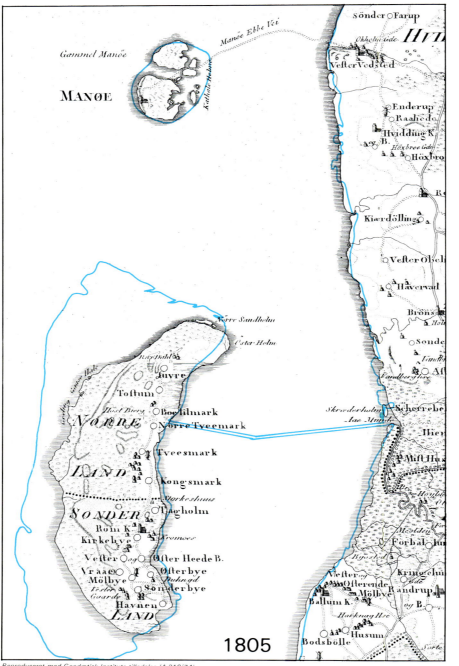

1805

Reproduceret med Geodætisk Instituts tilladelse (A.219/74).

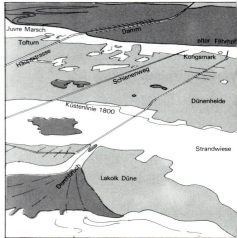

Während man auf den übrigen Bildern Rømø der ge nach sieht, schaut man auf diesem Photo queer die Insel – und via den Damm ganz bis zum jütl schen Festland. Variation über einem altbekar Thema: Im Vordergrund begegnen sich die Str fläche und die Lakolk-Düne. Hinter der Sommerh siedlung liegt die Strandwiese mit einer fast z wachsenen Lagune, dahinter die Küstenlinie R vom Jahre 1800, die die Westgrenze am Kerner der Insel, der halbmondförmigen Dünenheide, b Ein Weg führt ostwärts, queer durch alle Zonen. die erste Pulsader des Fremdenverkehrs. Diesen entlang führte die pferdegezogene Schienenbah Kurgäste und ihr Habengut von der Fähre in Ko mark zu den Hotelpalasten und den Sommerhäuse Lakolk. Lakolk wurde in den 1890ern von dem le darischen Pastor Jacobsen in Skærbæk gegrün

Der Pastor ergriff die Initiative zur Errichtung Skærbæk Bank, und mit ihrer Hilfe und für Geld, da Vortragstournéen in Deutschland eingesammelt gründete er eine lange Reihe von Projekten. Lakol das weitsichtigste davon, denn während der P und seine zahlreichen Unternehmen alle nach e der Pleite machten – einschliesslich der Badeort – die Idée doch weiter. Lakolk musste aber noch 50 re auf seinen Damm warten, bevor er sich richtig falten konnte.

22 Die Geburt Lakolk's

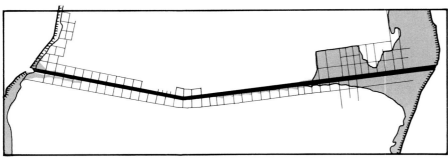

Lahnungen und Zuwachs am Rømø-Damm entlang, um das Jahr 1970. Der Zuwachs ist mit grauer Farbe gezeigt.

Grüppelmaschine in Arbeit.

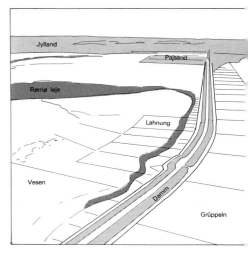

Der 9 Kilometer lange Erdwall des Rømødamms dem Weg gegen das Festland, von brandungsc zenden Betonfliesen gegen das Watt abgegrenzt, in der Mitte das breite Band der Strasse. Als Besch gungsarbeit am Ende der 1930er angefangen, in Kriegsjahren eingestellt und in 1948 fertiggebaut beitslosigkeit und Gebietsentwicklung waren Anlass, während die vielen Autos der 1960er nac der Alltag des Dammes wurden. Rømø wurde ei kreativer Vorort von Hamburg.

Unter uns liegt die hohe Sandfläche von Vesen, ten im Nebel der zugewachsene Pajsand, von R Leje getrennt. Der Damm hat die Ablagerung der zeiten gefördert, mit dem grössten Anwuchs auf Südseite, ganz wie auf den übrigen Dämmen des \ tenmeeres. Besonders in der Bucht zwischen Damm und dem Ballumdeich ging das Schlicken r vor sich, denn das Watt wuchs bis auf einen Dezim jedes Jahr. Bald wanderten Queller und Andel hi und die Strandwiese drängte sich am Südfuss Dammes hinaus, wo man sie als einen dunklen Sc ten sieht. Unter uns liegt das dichte Netz der Grüp die heute ganz bis Rømø reichen. Auf der Nordseite gegen, sind die Ablagerungen bescheiden, und die zweigungen von Rømø Leje gehen weiterhin bis Deichfuss. Um den Damm gegen Gezeiten und B dung zu schützen hat man eine Reihe von kurzen nen angelegt und den Strom mit Buschlahnungen Faschinen aufgefangen

23 Der Rømø Damm

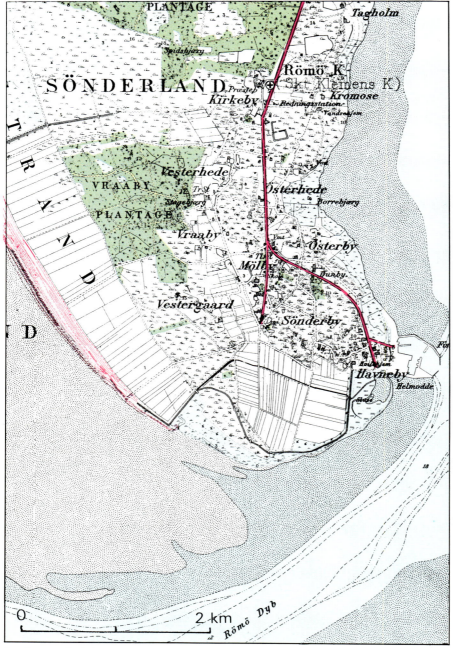

Reproduceret med Geodætisk Instituts tilladelse (A.219/74).

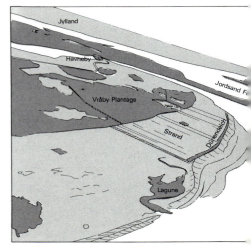

Von einem Punkt südlich von Lakolk schauen w
südwestlicher Richtung über Rømø hinunter,
nochmals liegen die verschiedenen Zonen klar vor
Im Vordergrund der südliche Ausläufer der Lak
düne, der mit Faschinenzäunen und Sandhalr
pflanzungen einen regelrechten Dünendeich bi
Ganz gesichert ist der Acker nur gegen Süden, w
Queerdeich ihn abschliesst, während der nördliche
dann und wann dem Eindringen des Meeres au
setzt ist. Deshalb liegen hier zwei Lagunen, die
Brutstätte für ein reiches Leben von Wasservögeln
bieten.

Hinter der Strandwiese folgt das alte Rømø - so
von dem Farbenwechsel zwischen der hellen Dü
heide und den dunklen Wäldern abgegrenzt. V
Wald versteckt das grösste Dünensystem Rømøs,
Reihe von Parabeldünen, die in dem 17 Meter h
Gipfel Stagebjerg kulminieren. Der Dünenwall g
wieder an einen schmalen nord-süd-gehenden A
baugürtel, der sich von Sønderby im Süden bis Ve
hede im Norden streckt. Gärten und Felder liegen
als versenkte Vierecke von hohen Sanddeichen u
ben. Oft haben die Stürme ihr Sandgestöber übe
Felder geführt, und danach musste man den ang
genen Sand weggraben um die Fruchterde wied
erreichen.

24 Die Landschaften Rømø's

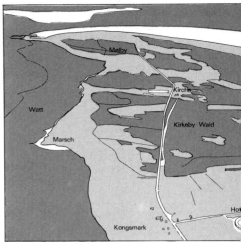

Wir fliegen südlich des Dammendes und haben die »Hauptstadt« der Insel, Kongsmark, unter uns. lagen Fährhafen, Krug und Postamt. Zwischen Ba Schleuse und Kongsmark wurde der Umsatz Rø ausgetauscht. Wolle, Lämmer und junges Vieh m ten der Überschuss der Insel aus, alles andere mu man einführen. Der grösste Posten war Brennstoff Baumaterialien. Seit alten Tagen wurden Kuhfla zur Heizung auf allen friesischen Inseln angewer Heidetorf war brauchbar, aber Moortorf musste vom Festland Jutlands holen. Die Bausteine ka von den Ziegelbrennereien auf Sylt und Föhr, we grössere Teil der dunkelgebrannten, rotlilla Steine Insel hergestellt wurde. Auch die notwendige Eir von Lebensmitteln kam über Ballum-Kongsn nachdem die Schiffahrt Rømøs um 1870 aufge war.

Nachdem der Damm in 1948 fertiggebaut war die Verkehrsbedeutung Kongsmarks aufgehört. D gen ist Kongsmark dabei, die wichtigste Hotel- Sommerhausstadt der Insel zu werden, denn d Naturschutz versucht man, die Bebauung der mee nahen Teile Rømøs zu bremsen. Das Wachstum kolks geschieht in Kongsmark!

25 Hauptstadt Kongsmark

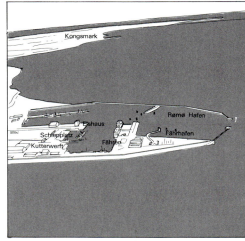

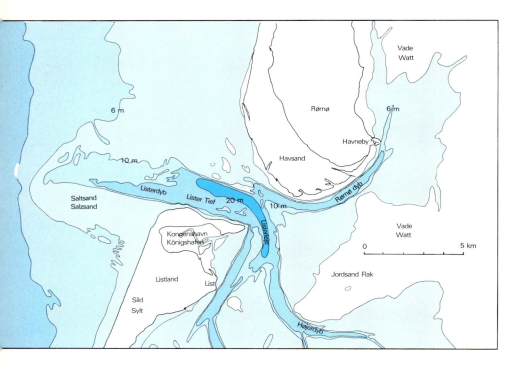

Ebenso wie auf Fanø lag auch der wichtigste Hand[els]platz Rømøs an der südöstlichen Spitze der Insel. H[ier] ging die Tiefe dicht am Land, hier war Schutz ge[gen] westliche Winde. Schon im Jahre 1858 wurde de[r Ort] als der beste zur Anlage von einem westjütländisch[en] Hafen ausersehen, auch in deutscher Zeit hatte m[an] Pläne, aber erst in 1960 wurde das Gesetz über ei[nen] Fischereihafen auf Rømø beschlossen – nachdem [der] Damm der Sache Realität gegeben hatte. Im Mai 19[ ] wurde der Rømø Hafen eingeweiht.

Die Absicht mit dem Hafen war die, eine Voraus[setz]zung einer meergehenden Fisherei mit allen i[hren] Folgeindustrien zu bilden. Hierdurch hoffte man, [die] Entvölkerung Rømøs zum Stillstand bringen zu k[ön]nen. Aber es war nicht so leicht. Südlich von Esbjer[g war] keine Tradition für Meeresfischerei, und der Zug[ang] vom Norden war trotz Gebietsunterstützung begre[nzt.] In 1967 versuchte man das Interesse für Krabben[fang] hervorzurufen, eine Fischerei mit alter Traditio[n im] deutschen Wattenmeer. Man hatte den Krabben[fang] auch von Rømø Hafen aus angefangen, baute eine [Fa]brik, und versuchte den Leuten Kenntnisse vom F[ang] und Behandlung beizubringen. Heute wird der Fang [in] Schalen nach Deutschland exportiert. Die EWG [hat] neue Möglichkeiten hervorgerufen, denn jetzt ber[eits] ein bedeutender Teil der nordfriesischen Krab[ben]flotte den Hafen als Basis.

26 Fischerei oder Tourismus

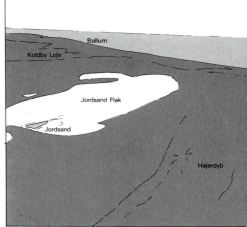

Einsam liegt Jordsand als ein kleiner, grüner Fleck ga[nz] aussen auf ihrer grossen, grauen Fläche, von Højer T[ief] gegen Süden und Ballum Tief gegen Norden umg[e]ben. Ebenso wie Mandø liegt Jordsand fern vom of[fe]nen Meer, sozusagen im Zweiten Parkett, nur via ei[ner] mühseligen Fusswanderung auf dem Wattwege zu [er]reichen – sechs Kilometer muss man waten! Währe[nd] die übrigen Inseln einen Zuwachs hervorzeigen, [hat] Jordsand wie die nordfriesischen Marschinseln, [die] Halligen, Jahrhunderte hindurch sehr abgenomm[en.] Noch um das Jahr 1700 hatte die Insel zwei Landw[irt]schaften, aber die Sturmfluten haben auch diese g[e]nommen, und Jordsand wurde zu Heuernte der Fe[st]landsbauern degradiert.

Heutzutage ist die Insel aber wieder zu Ehren [ge]kommen. Schon in deutscher Zeit wurde sie ein Z[en]trum der vogelinteressierten Leute, und hat dem Vog[el]schutzverein »Jordsand« ihren Namen gegeben. Jo[rd]sand ist heute der Mittelpunkt in der ersten Phase ei[nes] kommenden Naturschutzes des dänischen Watt[en]meers geworden. Die Insel wird von Forschern [der] Vildtbiologisk Station gehütet, die teils den Brut[vö]geln auf dem 5 Hektar grossen Dünenland, teils [den] Myriaden von ziehenden Sumpfvögeln folgen, die [hier] Nahrung und Rast auf der langen Reise finden. D[as] Watt ist reich an Nahrung. Wo früher die Rinder [der] Friesen sich in der Marschwiese fett frassen, schn[at]tern jetzt die Gänse im Seegras.

27 Jordsand, eine Hallig

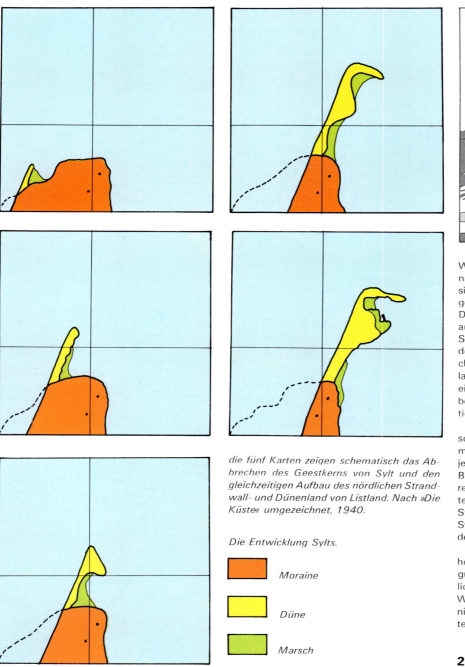

die fünf Karten zeigen schematisch das Abbrechen des Geestkerns von Sylt und den gleichzeitigen Aufbau des nördlichen Strandwall- und Dünenland von Listland. Nach »Die Küste« umgezeichnet, 1940.

Die Entwicklung Sylts.

■ Moraine

■ Düne

■ Marsch

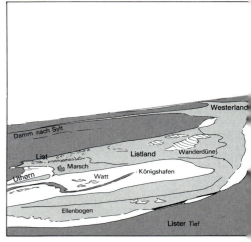

Wir fliegen über die Grenze bei Listertief und schau[en] nach Sylt hinunter. Der Kern der Insel bei Westerla[nd] sieht nicht nach viel aus, streckt sich aber in einer la[n]gen Spitze ostwärts gegen den Hindenburg-Dam[m]. Der Kern besteht aus den Moränen der Eiszeit und a[us] aufgeschobenen Tertiärschichten, die im Norden u[nd] Süden in meer- und windabgelagerte Sandschich[ten] der beiden länglichen »Hörner« der Insel niederr[ei]chen. Im Norden schwellt die Insel in dem breiten L[ist]land an, wird in der Wattenbucht von Kongensha[fen] eingeengt, und mit der breiten Landzunge des Ell[en]bogens, die an der 50 Meter tiefen Rinne des Lis[ter]tiefs abgelagert ist, abgeschlossen.

Sylt hat es streng! Sie ist die Bastion der nordfrie[si]schen Inselreihe gegen Westen, und trotz einem en[or]men Einsatz von Buhnen und anderer Armierung ze[igt] jeder neuer Sturm von der Küste. Ein Vergleich mit d[em] Bild von Lakolk unterstreicht die Verhältnisse. W[äh]rend Meer und Land auf Rømø sich über einer kilo[me]terbreiten Strandfläche zusammentreffen, die nur [bei] Sturm überschwommen wird, steht die Brandung [auf] Sylt - auch bei ruhigem Wetter - dicht am Dünenf[uß] der sich steil aus der schmalen Strandbrämung erhe[bt].

Von der Meeresdüne haben die Stürme zu wied[er]holten Malen grosse Sandmengen ostwärts in Be[we]gung gesetzt. Die grösste der Wanderdünen liegt ö[st]lich des Weges mit einer gleichmässig steigen[den] Windseite und einer 30° steilen Leeseite, die sich [ei]nige Meter jährlich verrückt von den Stürmen des W[in]terhalbjahres abhängig.

28 Sylt vom Norden gesehen

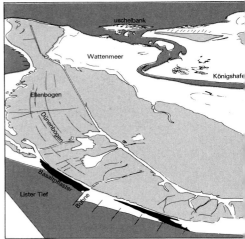

Während Sylt im Grossen und Ganzen einem brechen ausgesetzt ist, sehen wir unter uns einen i wenigen Zuwachspunkte. Von der Strandfläche ge Listertief weht der Nordwestwind den Sand in niedrige Vordüne zusammen, die mittels Sandhalm einer neuen Meeresdüne wächst - einem Parallel zu den alten Dünensystemen. Mindestens 6 solche nenkämme können queer durch die Krümmung Ellenbogens gezählt werden.

Der Ellenbogen ist der späteste Zuwachs Sylts, stiert aber schon auf der Karte von Johannes M vom Jahre 1650. Nachdem Listland seit langer Zei Schlusspunkt der Insel gewesen war, wurde die Ha tiefe nordwärts verrückt, und die Insel wurde mit wohlgebauten Anhang des Ellenbogens verläng Gleichzeitig bildete das neue Horn eine grosse Bu Königshafen, der Jahrhunderte hindurch die wic ste Reede der dänische Kriegsmarine zwischen S gen und der Elbe war.

Aber das Meer und die Gezeiten haben auch den nigshafen mit Sand gefüllt. Der Sand, wird von den zeiten anden Ellenbogen entlang gefrachtet, wo er der Brandung auf die Insel als neue Strandwälle schweisst oder ganz in den Schutz des Königsha hineingefrachtet wird. Nur die schmale und gebog Rinne des Priels führt noch tiefes Wasser zwischer schwarzen Miesmuschelbänke hinein.

29 Die Reede Königshafen

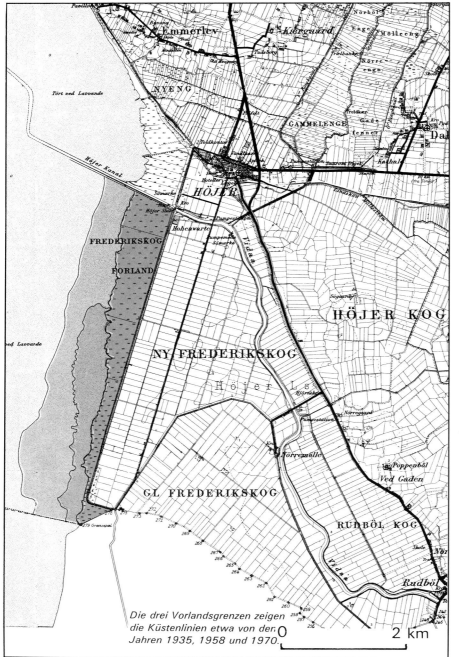

Die drei Vorlandsgrenzen zeigen die Küstenlinien etwa von den Jahren 1935, 1958 und 1970.

Reproduceret med Geodætisk Instituts tilladelse (A.219/74).

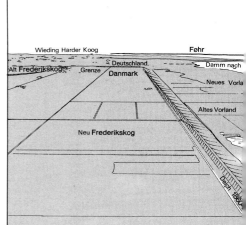

Von einem Punkt etwas südlich von Højer sieht gegen Süden die Grenze zwischen Watt und Mar Die Hauptelemente sind Watt, Vorlandsmarsch, D und Koogsmarsch. Neu Friedrichskoog wurde in 18 61 eingedeicht, und sein Deich ist immer noch Schutz der Tøndermarsch gegen das Meer.

Die Marsch wird von dem rechtwinkligen F muster der Entwässerungsgräben gekennzeich Zaun ist nicht notwendig, Sprungstab unentbehr Der grösste Teil liegt immer noch als Dauergras hin Ochsenmast als Betriebsform. Nur die Kleinbauer Wege entlang und der Versuchshof bei Højer Schl treiben Ackerbau. Um Zutritt zu den Landgewinnu gebieten - und zum Deich bei Sturmflut - zu scha hat man eine Reihe von Katastrophewegen recht kelig auf dem Deich angelegt.

Das charakteristische Profil des Deiches ist d lich. Steile Leeseite, gleichmässig abfallende, b dungsmildernde Meeresseite. Draussen liegt das land, am innersten das alte, hellgrüne, das scho Menschenalter hinter sich hat, am äussersten die kelgrüne Marsch, die durch einen energischen sta chen Einsatz seit 1955 gebildet worden ist. Wäh das ältere Vorland durch Zuschlickung schon lä über Hochwasserniveau gewachsen ist, wird die ju Spartinamarsch noch zweimal täglich wasserbed Das Vorland hat viel guten Graswuchs, aber da plötzlich aufspringender Sturm die Marsch schne ter Wasser setzt, ist es ein etwas gefährlicher Au halt, der nur von Schafen benutzt wird.

30 Der Deich bei Højer

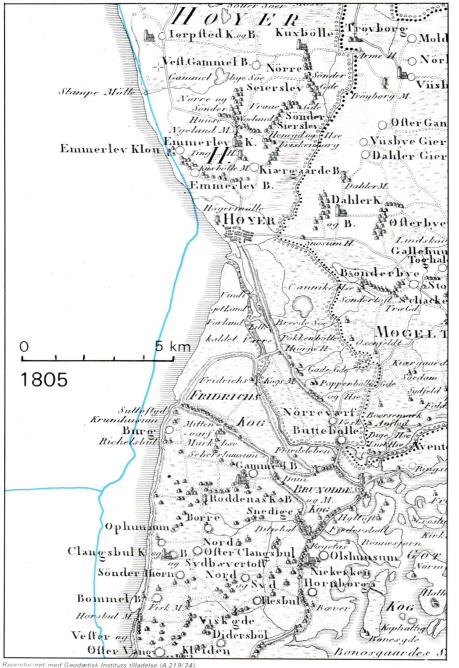

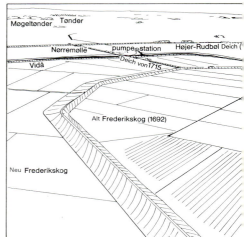

In der Nähe von dem Punkt, wo die dänisch-deuts[che] Grenze das Meer trifft, schauen wir ostwärts über [die] Marsch mit Møgeltønder und Tønder als Kimm[ung]. Unter uns liegt die Marsch mit alten Deichlinien, [einem] dichte Netz der Gräben und kreisrunde Wasserlöc[hern]. Der Deich, der in einem gebrochenen Bogen die re[chte] Ecke des Photos einrahmt, wurde in 1690-92 ge[baut] und Friedrichskoog genannt. Im Hintergrund des [Deiches] des läuft der noch ältere 1556-Deich, der Højer [mit] Rudbøl verbindet. Zwischen diesen beiden Deiche[n lief] die Tide immer noch bis zur Schleuse bei Rudbøl [hin]ein. In 1715 wurde ein kurzer Verbindungsdeich fe[rtig] gemacht, der Rudbøl vom Meer abschnitt, und [die] Schleuses wurde zum neuen Deich verrückt. Ganz [in] 1860 erreichten die Gezeiten die Deichlinien des [Pho]tos. Aber neues Vorland wurde in der Deichbuch[t ab]gelagert, in 1860-61 wurde der heutige Meeresd[eich] gebaut, Neu Friedrichskoog gebildet. Die Friedri[chs-] köge sind Oktroi-Köge, nach einem Vertrag zwisc[hen] einem kapitalstarken Konsortium und dem Herzog [ein]gedeicht. Die Bauern besassen nur einen kleinen [Teil] davon, der grösste Teil wurde jährlich zum Weiden [ver]mietet. Diese Ausnutzung ist immer noch [vor]herrschend. In den 1920ern wurde Vidå in Fluss [gele]che gelegt, und das rotgeziegelte Gebäude [des] Schöpfwerkes errichtet. Aber wenn auch der Deich [hin]ter uns zum zweitklassigen Deich degradiert ist, so [hat] er immer noch sein klassisches Profil mit der gle[ich]mässig steigenden Meeresseite und der steilen [in]nengebrannten Leeseite bewahrt.

31 Alte Deichlinien

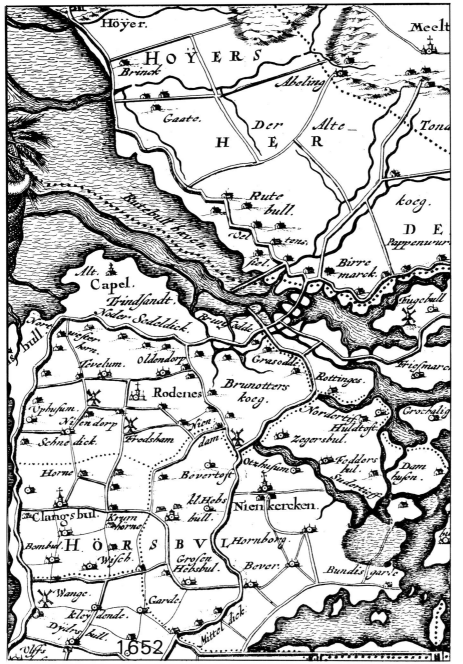

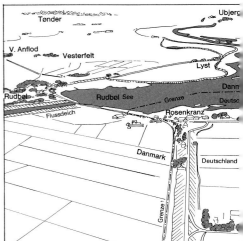

Wenn auch der Deichbau Jahrhunderte hindurch [das] Gezeitendelta der Vidå geändert hat, so erinnert [das] Luftbild immer noch an frühere Zeiten. In breiten [Win]dungen bahnt der Fluss sich seinen Weg durch [die] sumpfige Landschaft, von Flussdeichen begrenzt. [Rud]bøl See füllt einen der breiten Gezeitenrinnen aus, wo die Brücke heute den Grenzverkehr über den [Fluss] führt, lag die Rudbøl Schleuse von 1566 bis 1[...]. Scheinbar klammern sich sowohl Rudbøl als [auch] Rosenkranz an die Deichlinien, aber jedenfalls Ru[dbøl] ist älter als sein Deich. Als Herzog Friedrich - später [Kö]nig Friedrich der Erste - in den 1550ern den Deich [von] Højer bis Rudbøl baute, hat er ihn auf der hochlie[gen]den Hallig, die sich von Rudbøl einige Kilometer [aus]ausstreckt, gestützt.

Während die grossen Marschhöfe, die als d[unkle] Flecken im Grünen liegen, ihren Verdienst von Och[sen]mast bekamen, war die Bevölkerung in Rudbøl, Ro[sen]kranz und Aventoft vom Leben in den umgebe[nden] Flussläufen, Seen und Sümpfen abhängig. Die Le[ute in] Rudbøl waren fast alle bei der Schiffahrt zwi[schen] Højer und Tønder beschäftigt, während die K[leinst]bauern in den übrigen Dörfern von Fischerei, Ma[tten]flechten und dem Verkauf von Schilfrohren lebten. [Was] heute zählt, ist aber der Grenzhandel.

32 Rudbøl See und Deich

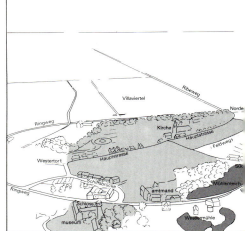

Ebenso wie Ribe liegt auch Tønder, wo Fluss, Ma[rsch] und Geest zusammentreffen, wahrscheinlich als H[an]delsplatz friesischer Kaufleute im frühen Mittelalte[r,] eine Küstensiedlung im Lande der Barbaren ents[tan]den. Die Stadt ist auf zwei niedrigen Sandhügeln [an]gelegt, dem kleinen Schlosswerder und dem gros[sen] Stadtwerder. Vidå und Marsch rahmen die Stadt ge[gen] Süden und Osten ein, niedrige Sandflächen gegen [Nor]den und Westen.

Das Photo umfasst den ganzen mittelalterli[chen] Stadtkern. Er wird gegen Südosten von Fluss und M[üh]lenteich, gegen Südwesten von Schlosswerder [und] Schiffsbrücke - heute Parkplatz - abgegrenzt. Von [...] ist der Stadtwerder von einer kilometerlangen Alle[e] gefasst, die einem künstlichen Wasserlauf folgt. W[enn] sich auch die Hauptstrasse im Hausgedränge [ver]steckt, wird sie doch stets von der Reihe von Gie[bel]häusern markiert. Hier wohnten die Krämer, die [der] Stadt ihren Umsatz - und der Kirche ihr langes Zi[egel]schiff und ihre reiche Einrichtung - verschufen.

Während der alte Stadtkern durch seiner hohen [Lage] einigermassen gegen Überschwemmung gesic[hert] war, breiten sich die heutigen Villagebiete in ei[n we]niger zuverlässliches Niveau hinunter. Wenn auc[h 10] Kilometer heute Tønder von dem Meer trennen, m[acht] ein Deichbruch im nicht all zu zuverlässigen H[?] Deich immerhin eine ernste Drohung gegen gr[osse] Teile der Stadt aus. Bei einer Sturmfluthöhe v[on ?] Metern wird eine niedrige Villabebauung den Wa[sser]spiegel kaum brechen!

33 Tønder, Stadt der Krämer

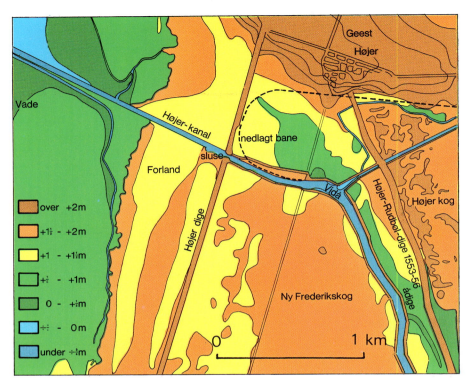

- over +2m
- +1½ - +2m
- +1 - +1½ m
- +½ - +1m
- 0 - +½m
- ÷½ - 0m
- under ÷½m

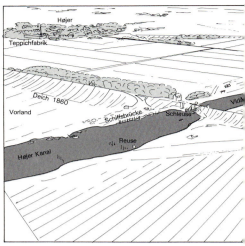

Die Kleinstadt Højer erinnert in ihrer Lage an Hus... Beide liegen auf der südlichen Flanke eines Hügel... biets, das sich ganz ans Wattenmeer hervorschie... beide liegen an weit ausgedehnten Marschgebiet... Und doch blieb Højer nur eine Kleinstadt. Denn wie... in Westjütland üblich ist, lag die Stadt an der Ostgr... ze der Marsch zurückgezogen, und wenn auch H... schon bei den ersten Eindeichungen in den 1550... der Hafen von Tønder wurde, schützten die Stadtp... legien weiterhin die Rechte der Stadt auf Kosten... Kleinstadt. Højer hatte ausser ihrer reichen Landw... schaft andere Möglichkeiten, ihre Einnahmen... supplieren. Die Schiffe, die aus Norddeutschland... Holland ihre Ladung nach Højer brachten, mussten... in Schuten umladen, die für die weitere Beförder... flussauf sorgen mussten. Auch die Reusenfischerei... Aalen gab gute Einnahmen.

In 1937 bekam Højer das Privilegium auf Ha... und Handwerk, eine Bestätigung des Schleichhand... den man schon lange getrieben hatte. Die... deichungen gaben Højer neues Hinterland. Fortsc... für Tønder bedeutete Fortschritt für Højer. In 1892... reichte die Eisenbahn die Schleusenstadt, und a... der Fremdenverkehr auf Sylt gab Umsatz. Das... 1920 schnitt Højer von ihrem Hinterland ab, und... Bahn wurde in 1935 niedergelegt. Die Teppichfa... ist heutzutage die dominierende Wirtschaft der St...

34 Højer und ihre Schleuse

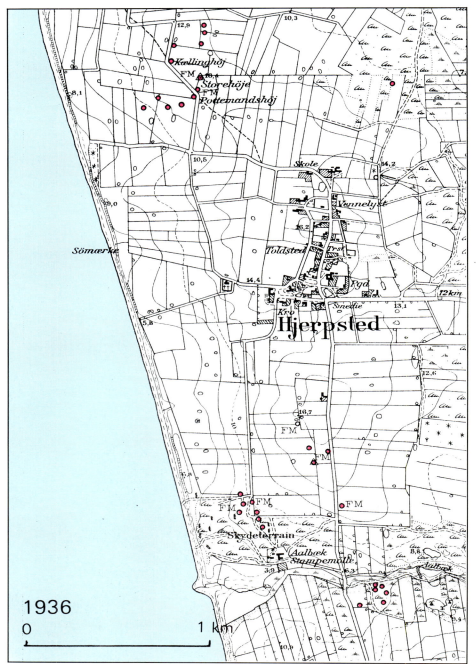

1936
0   1 km

Reproduceret med Geodætisk Instituts tilladelse (A.219/74).

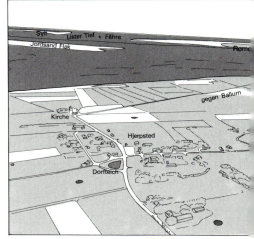

Zwischen Højer und Ballum liegt das Dorf Hjerpst
wo der Geesthügel mit einem Steilufer am Watt lie
Das Wattenmeer wird von drei grossen Sandfläch
gekrönt, Jordsand, Sylt und Rømø. Am nächsten li
Jordsand Flak, wovon der Wattweg das Festland
rechten Rand des Photos erreicht. Der weisse Fl
der Rømø-Fähre markiert Listertief, wovon Rømø
gegen Norden und Højer Tief gegen Süden die Ge
ten über das fast 500 KM2 grosse Wattenmeer z
schen dem Rømø-Damm und dem Hindenburg-Da
hinein verteilen.

Aber Hjerpsted dominiert das Bild. Die Häuser
Höfe des Dorfes liegen offen im grünen Ackerland
der einsamen, windzersausten Kirche in ihrem ni
rigen Wäldchen im äussersten Westen. Die Siedl
ist alt, nirgends liegen die Bronzezeithügeln so dich
Westschleswig, 32 sind bewahrt und mehr als
untergepflügt worden. Wahrscheinlich war das W
tenmeer schon damals ein wichtiges Glied im Wa
umsatz der südlichen Nordsee: Bronze für Bernste

Hjerpsted hat einen grossen Teil seiner Ursprü
lichkeit bewahrt und ist mit seinen mit Stroh bede
ten Gebäuden ein schönes Beispiel eines westsch
wigschen Geestdorfes. Eine Tradition hat es jeden
am Leben gehalten: Die Bildschnitzerei. Die zw
Generation des Brodersen-Bäcker-Geschlechtes
wahrt diese seltene Kunst vor Vergessenheit. G
Brot und eine schöne Bildschnitzerei sind ihre Ga
an die Welt.

35 Hjerpsted auf dem Geest

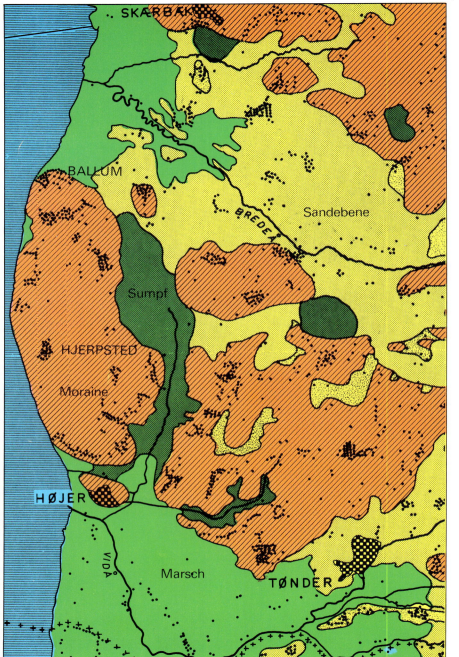

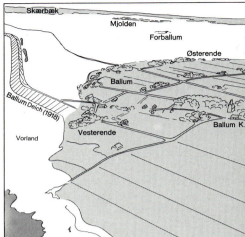

Bei Ballum treffen sich Geest und Marsch, Meer u[nd]
Deich. Nachdem das alte Hügelland von Husum [bis]
Højer ein zurückgezogenes Leben geführt hat, v[on]
einem breiten Marschland gebrämt, erreicht es z[wi]-
schen Emmerlev und Ballum wieder das Meer als St[eil]-
küste. Bei Ballum wird Geesthügel wieder von Sa[nd]-
ebene abgelöst, denn hier erreicht einer der Auslä[ufer]
der Tinglev Fläche über die Enge bei Løgumkloster [das]
Meer. Der steigende Meeresspiegel drängte sich ü[ber]
die Ebene hinein und bedeckte ihren mageren Sand [mit]
fettem Klei. Draussen mitten in der Niederung ha[ben]
sich die Friesen in der Warfbebauung Misthusum [nie]-
dergelassen, während die Jütländer ihre Dörfer als [lan]-
ge Hofreihen drinnen am Rand des hohen Landes [an]-
legten. Hier konnte man trockenen Fusses leben, [hier]
konnte man das Weiden der nassen Marsch mit d[em]
Ackerbau des trockenen Geestes vereinen.

Der Unterschied ist immer noch auffällig. W[enn]
auch die deichnahen, hochliegenden und sandi[gen]
Teile unter Pflug gekommen sind, ist der grössere [Teil]
des Marschlandes immer noch den weidenden O[ch]-
sen vorbehalten, eine Betriebsform, die für einen [Er]-
werb mit steigenden Löhnungen und fehlender [Ar]-
beitskraft geeignet ist. Und hinter der Reihe von H[öfen]
und Kleinbetrieben des Geestrandes liegt weite[rhin]
das bunte Feld von Früchten des Ackerlandes. Ba[llum]
war einer der zahlreichen kleinen Ausschiffungsort[e für]
Vieh nach England, und hatte in 1850-51 mehr[ere]
Dampfschiffverbindung mit London und Lowesto[ft].

36 Ballum an dem Geest

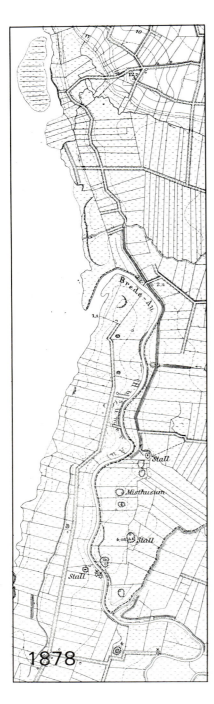

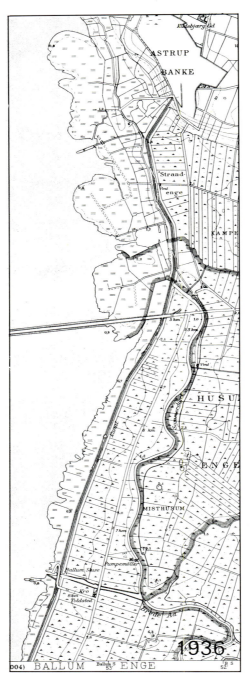

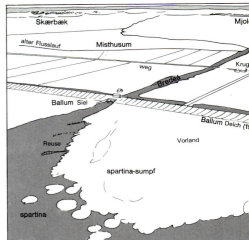

Während das Luftbild von der Vidå bei Rudbøl sein [Ge]präge von nassem und verzweigtem Gezeitendelta [be]wahrt hat, sind die Linien beim Auslauf der Bredeå [bei] Ballum Schleuse ganz anders scharf. Nur der Meer[es]rand des Vorlandes mit kreisrunden Spartinahüg[el]chen und sperrenden Aalreusen bricht die regul[äre] Regelmäßigkeit. Der Ballumdeich, der die Bred[eå-] Niederung zwischen Ballum im Süden und Astrup B[an]ke im Norden absperrt, wurde während des ers[ten] Weltkrieges von russischen und polnischen Kriegs[ge]fangenen gebaut. Abgesehen von niedrigen Somm[er]deichen an der alten Rinne Bredeås entlang, die sch[on] im Mittelalter die Warfbebauung Misthusums schü[tz]ten, ist die Niederung hier auf einem Mal eingedei[cht.] Nach dem Untergang von Misthusum bei den Stu[rm]fluten in 1634 und 1825 blieb nur die Geestrand[be]bauung der Jütländer zurück.

Das Luftbild illustriert besser als Worte, was [der] Marsch an Höfen fehlt. Nur der Schleusekrug bricht [die] Einsamkeit. Eine Überlieferung aus der Zeit, wo [die] Postfähre die einzige Verbindung mit Rømø war. U[nd] auch die Bewohner des Schleusekruges übernach[teten] bei Sturmflutwarnung lieber auf dem sicheren Ge[est]rand, denn die schmale Krone des Ballumdeiches [war] nie zuverlässig!

Bredeå hat weder Flussdeiche noch Schöpfwe[rke] und ihre Niederung war deshalb dauernden Wi[nter]überschwemmungen ausgesetzt. Erst eine umfass[en]de Regulierung in den Nachkriegsjahren hat dies[em] Mangel abgeholfen.

37 Die Ballumer Schleuse

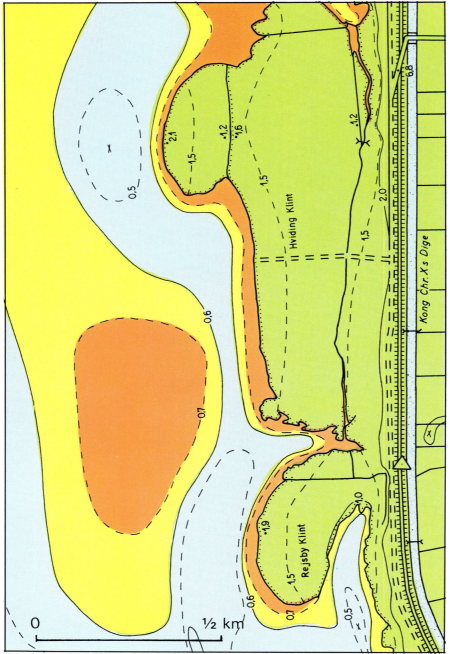

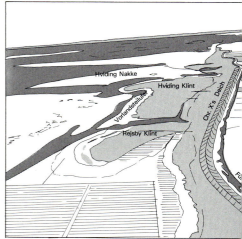

Von Rejsby Schleuse schauen wir an Christian Deich entlang - in den Jahren 1923-25 gebaut. Deich folgt auf dieser Strecke einem sandigen Stra wall. Der Wall ist von der Brandung bis mehr als Meter hoch über dem voranliegenden Watt au baut, und der Deich folgt seinem windigen Ver Parallel mit dem Deich wird der Strandwall von ei Steilufer abgegrenzt, das an seinem Fuss von einer nen, wassergefüllten Niederung, einem Landpriel, folgt wird. Der Priel wird gegen das Meer von einer he von unregelmässigen Marschinselchen, Re Klint und Hviding Klint, abgegrenzt. Auswärts neh sie an Höhe zu und enden wieder in einem Steilufer wie das Innerste von einem Landpriel gefolgt v Schliesslich folgt eine breite Sandbank, die fast Hochwasserniveau reicht, die aber auf der Meeres te langsam in das voranliegende Watt hinüberg ohne Steilufer und Landpriel. Sobald das Andel den Sand durchwebt und mit seinem Wurzelnetz gebunden hat, wird die Brandung wieder ein Stei bilden, eine neue Küstenlinie wird festgelegt, ein n Landpriel wird entstehen.

Sobald das ältere System von Steilufern und Pri von dem Neuen geschützt wird, wird das Gelände geglichen, die Steilufer stürzen ein, die Priele we zugeschlickt, aber noch Jahrhunderte später kann aus den kleinen Höhenunterschieden die Ents ungsgeschichte lesen.

38 Die Marsch bei Rejsby

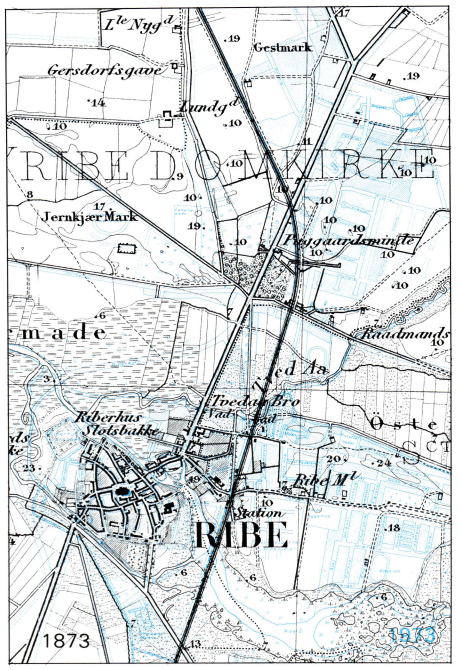

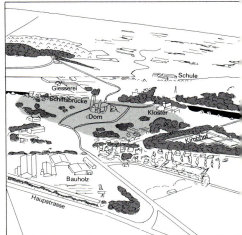

Ribe ist wie Tønder eine Marschstadt auf niedr
Werdern angelegt, die von der angrenzenden G
von Flussläufen und feuchten Wiesenstrecken
trennt werden. Neue Ausgrabungen zeigen, dass
Ort schon ein wichtiger Handelsplatz war, bevor A
gar ihn in 860 zur ersten Kirchenstadt des La
machte. Im 12. Jahrhundert wurden der Dom
Riberhus gebaut, und die folgenden vier Jahrhun
hindurch war Ribe Schauplatz eines reichen, kir
chen, fürstlichen und politischen Lebens mit dem N
seeimperium der Kaufleute als tragende Grund
Kleine Küstenschiffe konnten ganz bis zur Sch
brücke hinaufgehen, während die grösseren in
Prielen des Wattenmeers ankern mussten, um
Waren in Schuten oder Wagen umzuladen.

Als der Dom gebaut wurde, lag sein Grund direk
dem Sand des Geestwerders, aber später wurde
Sockel langsam unter einem 5 Meter dicken K
postschicht - der täglichen Müllabfuhr der Stadt
Jahre hindurch - begraben. Als man die Kirche frei g
entstand die tiefe Senkung, worin sie jetzt liegt, v
rend die umgebenden Häuser auf dem Stadtmist
fen thronen. Wenn also auch der Riber Dom meh
alle anderen dänischen Gotteshäuser seine Stad
herrscht, tat es der Dom vom 12. Jahrhundert
noch mehr.

39 Ribe, Dänemarks Hafen

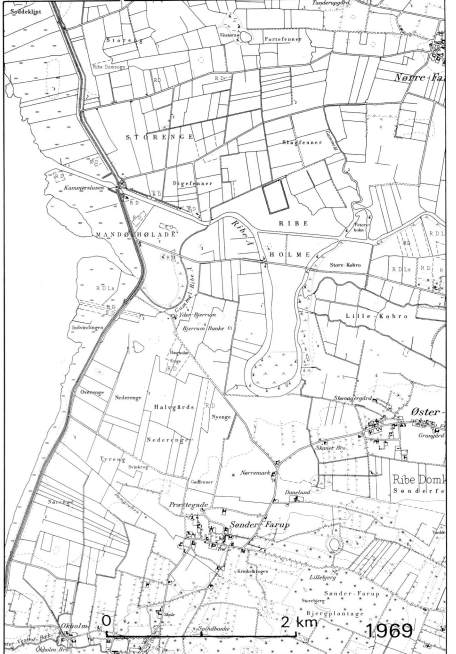

Die Windungen der Nipsau haben mittelalterli Glanz, aber im Laufe des 18. Jahrhunderts übe men Sønderho, Nordby und Hjerting den Platz d ten Kleinstädte als Heimat für Handel, Schiffbau Seefahrt, und Ribes Anteil am Umsatz wurde Ja Jahr geringer. Der wachsende Handel mit En nach 1840 brachte neuen Umsatz, aber die Sc rigkeiten bei Ladung und Umladung begrenzte Möglichkeiten. Steinkohle aus England, Holz aus wegen, Stückgut aus Altona in bescheidenen L gen - samt örtlicher Handel mit Mandø und Sønd dominierten die Schiffahrt Ribes in diesen Ja Gegen 1900 war Ribes Seehandel unwiederr vorbei.

Aus den verbesserten Aussichten für die Seefa den 1840ern folgte, dass Ribes Hafenkommisi 1844 die Regierung um ein Darlehen bat, dam Kanal gebaut werden konnte. Ein holländischer nieur wurde in 1851 als Sachverständiger fen, eine Firma aus Husum machte das niedrigst gebot, und im Sommer 1855 waren 190 deu Arbeiter bei dem Projekt beschäftigt, das via Kanal den Fluss mit Ribes Reede bei Skøgum ve den sollte. Die Arbeit wurde das nächste Jahr fer macht, aber brachte Ribes Schiffahrt nur wenig E Wegen Geldmangel wurden die grossen Windu des Flusses bei Ribe Holme nicht durchschn Diese Arbeit wurde erst 1918-19 gemacht, fünf nachdem Deich und Schleuse fertiggebaut war

40 Ribe Au, Grossheitstraum

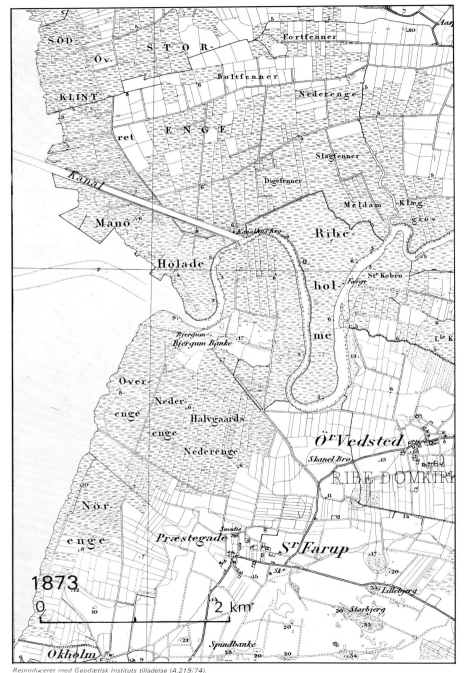

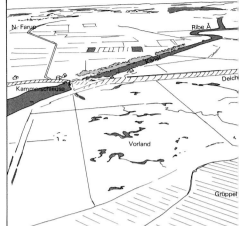

Die Ribermarsch lag immer dem Eindrängen Sturmfluten offen, und die Siedlung war zu dem s ren Geestrande hingewiesen. Das Luftbild gibt einen überzeugenden Eindruck der einsamen E von einer fernen Hausreihe␣gebrämt; der Schle weg führt zum Marschdorf Farup, die Au zur Ma stadt Ribe. Später kamen die Ferienhäuser der F bewohner und das Haus des Schleusemeisters dazu, aber erst nachdem der Deich die notwer Sicherheit fürs Hinterland dargestellt hatte.

Von der alten Flusswindung führt die Durchsc dung des 1855-Kanals nach der Schleuse hinaus Ribe-Deich, der von dem südlichen Heft bei V Vedsted seinen 20 Kilometer langen Bogen b Tjæreborg hinauf streckt, wurde in den Jahren 1 13 gebaut. Schon im November 1911 wurde ein der Vorarbeiten durch Sturmflut zerstört. Trotz konnte der Deich am 6. Januar 1913 geschlossen die Kammerschleuse in Funktion gesetzt werden. mit war dem Eindrängen des Meers gegen Rib Ende gemacht. Grosse Teile der Marsch wurden gepflügt – die Wiese wurde zum Feld. Nur das Vo wird weiterhin von den Gezeiten geformt. Sein in Teil sieht noch wie eine alte Naturmarsch mit geb nen Prielen aus. Sein Landpriel ist zugeschlickt ein neues Vorland ist mittels dichten Grüppeln g dert.

41 Bei der Kammerschleuse

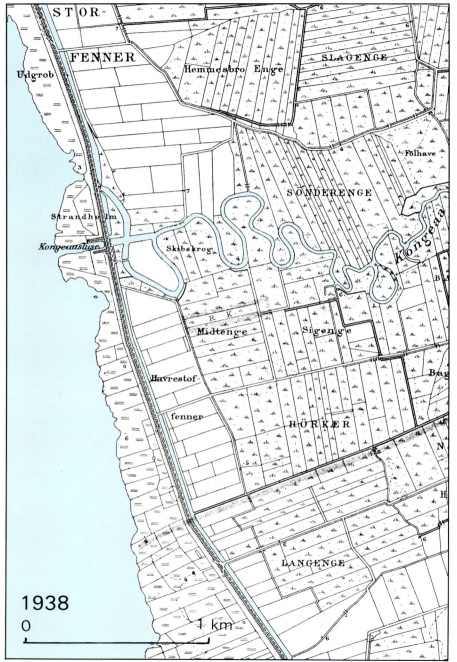

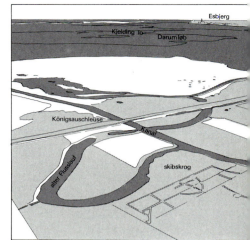

Das Luftbild zeigt die letzte breite Windung der Kön‎ au. Bevor der Deich gebaut wurde, wurde der Fl‎ lauf den letzten Kilometer vor der Mündung von ei‎ Strandwall abgegrenzt, der den Fluss nordw‎ zwängte. Als die Schleuse im Jahre 1913 gebaut v‎ de, durchschnitt man den Strandwall, aber die Flussmündung ist immer noch als ein Landpriel in‎ halb der breiten Fläche des Watts markiert. Hinter‎ Fläche sieht man Darum Løb und Kjelding Lo, die n‎ lichsten Verzweigungen Knudedybs. Weiter nör‎ folgt die Wasserscheide gegen das Gezeitenge‎ Grådybs mit Esbjerg als Hintergrund.

Die Königsau und die Eider sind die alten Gren‎ en des dänischen Reiches. Die Eider trennte Sch‎ wig von Holstein und war die Grenze gegen Süden‎ Königsau trennte das Königsreich von den Her‎ tümern. Vom Mittelalter bis zum Jahre 1864 war‎ Königsau deshalb eine wichtige Grenze, wo‎ Schmuggel florierte. Nach dem Jahre 1864 hätte‎ Au auch die Grenze ausmachen sollen, aber der K‎ tauschte seine schleswigschen Besitzungen mit F‎ aus, die Grenze wurde bis Hviding verrückt, das a‎ heute noch die Kreise Ribes und Nordschlesw‎ trennt.

42 Bei der Königsauschleuse

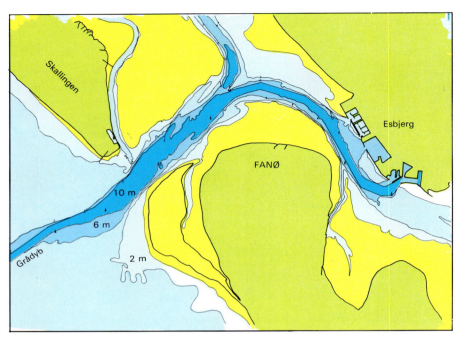

Mehrere Photos des Buches zeigen Siedlungen
Watt, - Sønderho die Schifferstadt an der Gezeiten
ne auf der Leeseite der Insel, - Lakolk die meer
wendete Sommerhausstadt, - Rudbøl das deich
warfgebundene Dorf im Flussdelta, - Ballum die R
von Höfen, die am Geestrand angelegt sind. En
veranschaulicht Tønder die westschleswigsche S
angebracht wo Geest, Marsch und Fluss zusamm
treffen. Zuletzt Esbjerg, die Hafenstadt des Indus
alters. Wenn auch auf dem offenen Strand angeleg
auch sie die Formwelt des Wattenmeeres als Vor
setzung.

Das Luftbild zeigt den Kontrast! Im Vorderg
Vestkraft, die Grundlage der Energieversorgung e
industrialisierten Westjütlands. Dahinter breiten
Englandskai, der Dockhafen und die übrigen Ha
abteilungen ihre Wasserbecken aus. Die Ausfuh
Landwirtschaft war der Anlass zur Hafenanlage
Einfuhr kam schnell dazu, und die Fischerei wurd
20. Jahrhundert immer bedeutender. Die Kutter
das Englandschiff stellen bescheidene Förderunge
Tiefe und Kaiplatz, aber die Kohlen- und Öltanker
die Furnierschiffe des E.S. Terminals brauchen m
Besonders Grådyb Barre ist das Nadelloch des
fens. Ihre natürliche Tiefe ist unter 4 Meter, und
Pumpbagger müssen immer ihren Sand wegscha
Die Leichter schleppen ihn nach Esbjerg, wo er zur
blierung von neuen Güterterminalen angewendet

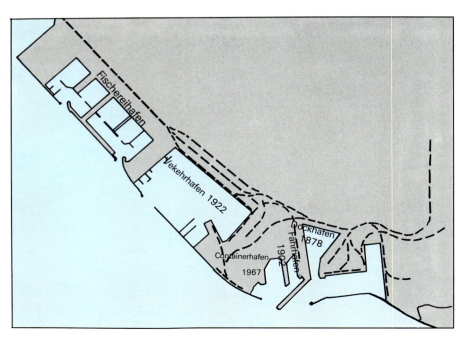

43 Der Englandshafen Esbjerg

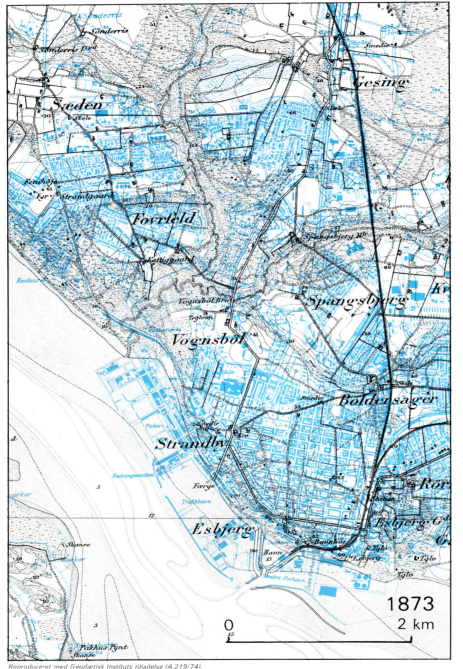

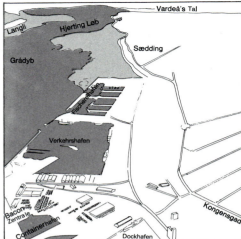

Das Luftbild zeigt Esbjergs Kontakt mit dem Meer -
die 1870-Karte suppliert. Die gründenden Institu
nen - Eisenbahn und Dockhafen - sind gerade ange
worden. Die Hauptverkehrsstrasse von Kolding ist
der Ostseite des Bahnhofes hinuntergeführt und g
von hier weiter als die Achse der zukünftigen St
Kongensgade und Strandbygade. Die Karte ist n
ganz von einer offenen Hofbebauung geprägt,
heutzutage nur als Namen der Villenviertel einer g
sen Stadtgemeinde existiert. Der Strandby Krug h
Privilegium auf der Fährverbindung mit Nordby.

Von der linken Kante des Photos biegt Grådyb
gegen Esbjerg Hafen hinein, aber sendet doch
Hjerting Tief nordwärts gegen die Mündung von V
deå. Wo diese Rinne dicht ans Land erreichte,
stand das Fischerdorf Hjerting. Als der Ausfuhr
Fleisch und Vieh nach England in den 1840ern anf
wurde Hjerting einer der wichtigsten Ausschiffu
häfen der jütländischen Westküste, der Vorläufer
Esbjerg.

Heute zählt der Vordergrund! Nördlich von c
100jährigen Dockhafen breiten sich die Aufmars
gebiete der Container, am äussersten die Weissen
Bacon, am innersten die Bunten mit Stückgut
schiedener Art. Dahinter breitet der Verkehrshafen
grosses Wasserbecken und seit 1973 schiesst sich
neue Containerkai mit lift-on/lift-off Kran in die s
westliche Ecke hinaus. Ganz hinten liegen die
Wasserbecken des Fischereihafens.

44 Der Hafen bei Grådyb

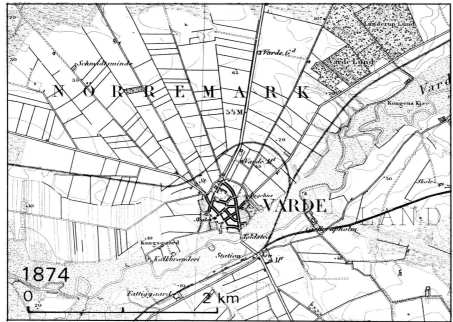

Reproduceret med Geodætisk Instituts tilladelse (A.219/74).

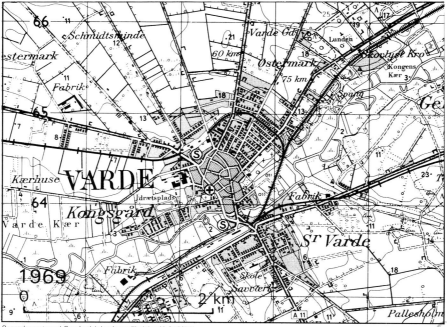

Reproduceret med Geodætisk Instituts tilladelse (A.219/74).

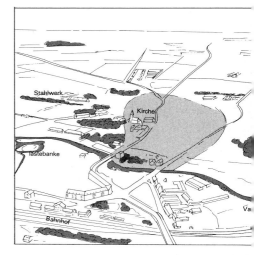

Varde ist wie die meisten Städte in Jütland unmit[telbar] nördlich von einer wichtigen Furt angelegt, die [an] einer schmalen Stelle der breiten wiesengefül[lten] Flussniederung lag. Unter uns liegt die Voraussetz[ung] der Stadt, Sønderbro, von den heutigen Strassenre[gu]lierungen verunstaltet. Von der Brücke zog Storeg[ade] fast wie heute ihre gebogene Linie nordwärts ge[gen] Nørreport, während Brogade nach dem Markt füh[rte] und von hier ging Vestergade weiter gegen Ves[ter]port. Dieser mittelalterliche Stadtplan ist auf der 18[74-] Karte noch intakt, nur hat die Eisenbahn ihren Bo[gen] um die Stadt gelegt. Die Karte erzählt noch von Var[des] Ursprung als Dorf, denn ihre beiden Stadtfelder r[ah]men die Stadt ein, und sind selbst von der Heide ein[ge]rahmt. Nørremarks Netz von Landstrassen und F[uss]wegen ist noch im Strassennetz der nördlichen Vil[len]viertel zu sehen.

In der Flussniederung liegt Lastebanken, vielle[icht] der Schlossgrund von Vardehus, das eben so [wie] Riberhus und Tønderhus die Schiffbrücke bewac[hte.] Später wurde der Königshof nach Westen ausserh[alb] der Stadt verrückt, wo man ihn noch auf der Karte si[eht.] Etwas südlicher lag eine Kalkbrennerei, wo Schal[en]kalk von den Muschelbänken des Wattenmeeres z[u] Mörtel gebrannt wurde. Der Fluss gab überhaupt [der] Stadt Leben, aber die Schiffbrücke wurde wie die [in] Ribe um 1700 von den neuen Stapelplätzen dist[an]ziert.

45 Die Brückenstadt Varde

BYGD

Die Bestellung dieses Buches geschieht durch eine Buchhandlung oder direkt bei dem Hersteller: H. Meesenburg, Karl Andersensvej 37, 6700 Esbjerg, Dänemark.

Das Verlag hat vier Büchlein in deutscher Sprache herausgegeben:

Fanø, Manø und Rømø - Inseln im Watt.
Die Westküste zwischen Blåvand und Ringkøbing.
Nordschleswig zwischen Flensburg und Kolding.
Bornholm - Vergangenheit und Gegenwart.

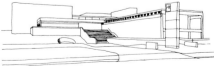

Die Öffnungszeiten des Fischereimuseums und Seewasseraquariums:

Vom 1. Juni bis 1. September: Täglich von 10-20 Uhr.
Vom 1. September bis 1. Juni: Von 10-17 Uhr, an Sonnabenden und Sonn- und Feiertagen jedoch von 10-18 Uhr.

Durch Gegenstände, Modelle, Fotos und Lichtbilder illustriert das moderne Museum die Entwicklung und Arbeitsweise der Fischerei, während das Seewasseraquarium in seinen grossen Aquarien die Tierwelt der Nordsee zeigt.

Der Zweck dieses Buches ist, Wattenmeer und Ringkøbing Fj unter einem neuen Gesichtsv kel zu präsentieren. Die Höh unterschiede sind klein, es feh sowohl Berge als Hügel, trotzdem haben die Küstenla schaften des südwestlichen Dä marks einen Reichtum an Einze ten und eine grössere dynamis Unbeständigkeit als man es sc irgendwo in Dänemark sieht. [Buch schildert diesen Reichtun Luftbildern und Karten. Das L bild zeigt das dynamische Nu, Bruch der Brandung über die Sa bänke, den Pulsschlag der Ge ten durch die Rinnen, die Ero rung der Pflanzen vom Niemar land der Watten, und die zahl chen Aktivitäten des Mensche das Grabenziehen, die Hafen lagen. Die Karten supplieren, d sie geben uns die Möglichkeit die Vergangenheit zurück schauen, und sie geben den L bildern des Buches historis Tiefe. Die Photos und Karten s die Aktiven des Buches, der T kommt in dritter Reihe und soll einen bescheidenen Rahmen den. Dies Buch muss nicht lesen, sondern durch Beoba tung bearbeitet und mit der La schaft, die man von seinem Al kennt, verglichen werden.